세계의 리더와
어깨를 맞대라

세계의 리더와
어깨를 맞대라

김정훈 지음

21세기북스

● 머리말

나와 너, 우리 모두의 비전을 꿈꾸며

난 대학교를 지방에서 다녔다.

대학교를 다닐 때 우리 집은 평범한 중산층이었지만, 나는 용돈을 다른 이들처럼 쓰지 않았다.

매 주마다 서울 집에 가는 차비를 제외하고, 기숙사에서 주는 아침 저녁 외에, 점심 사먹을 돈을 또 제외하고, 거기에 가끔 책 한 권을 사면. 대부분은 친구들과 맥주 한 잔 사먹을 돈이 안 되었다.

나는 그렇게 대학 4년을 다녔고, 제대로 된 옷 한 벌 사지 않았다. 하지만 단 한 번의 투정이나 불만 없이 대학을 졸업하고, 얼마 뒤 취직을 했다. 그리고 직장을 다니면서 곧바로 대학원에 진학하였다.

내가 만난 세계적 리더들, 그리고 정말 화려했던 수많은 자리들.

그 모든 곳에서 나는 항상 사람들에게 한국을 대표하는 청년으로 주목 받았다.

지하철이 끊길까 봐 숨도 안 쉬고 뛰어다니고, 얇은 여름 양복 한 벌을 2년 내내 입기도 하였지만, 그런 청년으로 보는 사람은 아무도 없었다. 오히려 항상 깔끔한 모습 때문에 재벌가 아들이라는 오해를 받기도 했다.

　하지만 나는 오랫동안 대기업에 재직하셨던 아버지께서 편의점을 시작하셨을 때, 야간 시간대를 줄곧 도와드리는 평범한 청년이었다. 대학 3, 4학년 때는 제대로 친구 한번 못 만나며, 거의 편의점에서 시간을 보냈다. 그러면서도 나는 새벽시간에 눈을 비비며 영어단어를 외웠고, 내 꿈을 하나씩 그려 나갔다.

　내 나이는 지금 스물아홉.
　20대의 나이라고는 상상할 수 없는 놀라운 경험들을 가지게 되었다. 그리고 사회 한 부분에서는 전문가로 맹활약하게 되었다.
　내가 꾸는 꿈은 결코, 꿈이 아니었던 것이다.
　난 내가 흘렸던 수많은 땀방울보다, 더 값진 비전을 가지고 있다는 사실이 지금도 너무 가슴 설렌다.
　그래서 이 설렘을 모든 사람들과 함께 나누고 싶다.
　이 설렘이 누군가에게 희망으로 전해지길 바라며, 다른 누군가에게는 일어설 수 있는 용기가 되고, 또 어느 누군가에게는 도전해

볼 수 있는 비전이 되길 바라면서.

　글을 쓰는 의미를 알게 해주신 하나님께 감사드립니다. 또 집필 중에 끊임없이 동기부여를 해준, 사랑하는 가족들(아버지, 어머니, 형, 형수님)과 친구들에게 감사드린다(내 친구라 함은 직접적으로 만나는 친구들부터 한 번도 만난 적은 없지만, 항상 감동적인 응원을 해주는 수많은 온라인 친구들까지).

　그리고 이 글을 그 누구보다 기쁘게 읽어주고 편집해준 황상욱 에디터께 감사의 마음을 전한다.

　무엇보다 내 경험, 비전과 희망을 함께 나누게 될 독자분들에게 깊은 감사 말씀을 드리고 싶다.

　이후에 언제든지 기쁘게 대화 나누게 되길 기대하며!

2009. 5
김정훈 드림

머리말 나와 너, 우리 모두의 비전을 꿈꾸며 · 5

1 꿈을 만들어간 1900일의 기록
세 통의 결정적인 편지 · 13 | 유일한 20대 · 21

2 외교 무대를 종횡무진 누빈 대학생
미국 대사를 감동시키다 · 29 | 장관님! 개인 연락처 좀 여쭤볼 수 있을까요? · 34 | 질문 있습니다! · 41 | 불가능한 도전 · 48 | 모든 장소, 모든 사람들에게 얻는 배움 · 56 | 요즘 세계경제는 어떤가요? · 61 | 비전을 향한 절실함 · 67 | 한국의 미래 · 71 | 반기문 총장의 약속 · 76 | 빌 클린턴 대통령을 만나다 · 84 | 내가 만난 세계적 리더들. 그들이 만난 놀라운 청년 · 91 | 워싱턴 미 국무부로 보내진 논문 · 105 | 만남이 주는 가치들 · 110 | 세상과 소통하는 창 · 116

3 새로운 도전
최고의 개척자 · 129 | 투자할만한 가치가 있는 비전 · 140 | 1500장의 명함 · 147 | 세 달 만에 인턴에서 서울시 홍보정책 담당으로 · 151 | 새로운 도전, 정치참여 그리고 고민 · 158

차례

4 비전에 다가서다
당당함의 기초를 만드는 법 · 169 | 새벽 6시 30분 가장 먼저 · 173 | 1초를 다투는 전쟁터, 대변인실 · 177 | 자리가 주는 의미, 인내심 · 184 | '선배' 오늘 특별한 기사 난 거 있나요? · 189 | 패션잡지의 모델이 되다 · 193 | 누군가에게 기억된다는 것의 의미 · 197 | 365번의 고민과 선택 · 201

5 20대, 얻을 것과 포기해야 할 것
색다른 도전 · 209 | 아주 특별한 대화 · 213 | 새로운 방법으로 도전하라 · 219 | 꿈꾸는 것과 꿈을 가지는 것의 차이 · 226 | 가장 역동적인 언론홍보 전문가 · 232 | 내가 앞으로 나갈 수 있었던 이유 · 238 | 모든 사람들이 꿈꾸는 희망 · 243

1
꿈을 만들어간
1900일의 기록

I will prepare, and someday my chance will come.
난 준비할 것이며, 언젠가 나에게 기회가 올 것이다.
_제16대 미국 대통령 아브라함 링컨(Abraham Lincoln, 1809~1865)

세 통의 결정적인 편지

체 게바라Che Guevara(1928~1967), 아르헨티나 출신의 사회주의 혁명가이며, 쿠바의 정치 지도자. 많은 논란 속에 불꽃같은 삶을 산 그는 우리에게 다음과 같은 의미 있는 말을 남겼다.

'Seamos todos nosotros realistas pero tengamos un sueño imposible en nuestro corazón.'
(우리 모두 리얼리스트가 되자. 그러나 가슴에는 불가능한 이상을 품고 살자.)

누구나 살면서 수없이 겪는 현실과 이상에 대한 갈등, 고민은 쉽게 해결책이 보이지 않는다.
그 오랜 고민의 끝은 결국 대부분 현실로 되돌아오는 것으로 타협 지어지곤 한다. 이상을 추구하기에는 너무 많은 산을 넘어야 한다는 것을 잘 알기 때문이다.

하지만 우리는 때론 전혀 생각하지 못했던 '특별한 상황'을 경험하게 되어, 이상을 향한 강한 동기부여를 갖게 된다. 절망에 가까운 전쟁 속에서 강한 리더십을 발휘한 영국의 대 정치가 윈스턴 처칠Winston Churchill(1874~1965)이 그러했고, 가까운 주위만 둘러봐도, 한국전쟁과 IMF경제위기 등 수많은 큰 어려움 속에서도 미래에 대한 강한 믿음으로 희망을 일구어 온 우리 부모님과 할아버지 세대가 그러했다.

어느 누구나 예기치 못한 특별한 상황을 경험할 수 있다. 그것이 각자에게 주는 의미가 희망적일 수도 있고, 혹은 절망적인 상황일 수도 있다. 나는 만약 그 상황이 현실을 완전히 뛰어 넘어야 하는 도전의 순간으로 다가온다면, 길게 심호흡을 하며, 한번 부딪히고, 도전해보아야 한다고 생각한다.

중요한 것은 나의 도전으로 인한 변화가 단순한 상황전환만으로 끝날 수도 있지만, 불가능이라고 생각해서 그저 꿈꾸기만 했던, 이상을 향한 강한 동기부여가 될 수도 있는 것이다.

24년간 지극히 현실적인 삶을 살아왔고, 현실과 이상 사이에서 늘 현실을 택했던 나에게도 어느 날 그런 '강한 동기부여의 상황'이 찾아왔다.

2004년 3월 3일. 봄기운을 느끼기에는 아직 이른 날씨였다.

동트기 전, 일찍 접한 새벽 공기는 몸서리를 칠만큼 차가웠다. 일찍 일어나 뜨겁게 다림질한 겨울 정장 위에 두꺼운 코트까지 단단히 여미었지만, 찬바람이 얼굴을 날카롭게 스치는 건 어쩔 수 없었다. 이 날은 나에게 무척 중요한 의미가 있는 날이었다. 이 의미가 주는 긴장감 때문인지 전 날 밤을 뜬 눈으로 보냈는데도, 새벽 어둠 속 모든 상황과 사물이 뚜렷이 눈에 들어왔다.

약속장소인 용산의 한미연합사령부 정문 앞에 도착해서 시계를 보았다. 약속시간보다 조금 빨리 도착한 덕분에, 잠시나마 나는 오늘 이곳에 온 이유와 목적을 다시 한 번 생각할 수 있었다.

이때 보다 두 달 전. 나는 진로문제에 대해 여러 생각을 하며, 대학 3학년 마지막 겨울방학을 보내고 있었다. 그때 나는 세 통의 편지를 썼다. 첫 번째 편지는 한미연합사령관인 리언 라포트Leon J. LaPorte 미 육군대장에게, 두 번째 편지는 한국에서 미국정부를 대표하는 외교관인 토마스 하버드Thomas C. Hubbard 주한미국대사에게, 그리고 세 번째 편지는 한국의 윤영관 외교통상부 장관 앞으로 각각 써서 보냈다.

편지의 내용은 이러했다.

지난 학기에 수강한 '국제정치의 이해' 라는 과목에서 한국군의 이라크 파병문제에 대해 찬반토론을 하였습니다. 확연히 구분되어 시종일관 팽팽하게 이어진 이 토론에서, 기대와는 다르게 미국이라는 국가에 대해, 그리고 한국과 미국의 관계에 대한 이야기는 거의 나오지 않았습니다. 저는 우리가 왜 미국의 전쟁에 도움을 주어야 하는지가 궁금하고, 한미관계 및 미국이라는 국가의 여러 상황에 대해서도 좀 더 자세히 알고 싶습니다. 시간이 허락되신다면, 미국정부를 대표해 한국에 계신 미군사령관과 미국대사, 그리고 한국정부를 대표하는 외교통상부 장관께 직접 이 내용을 듣길 원합니다.

일단 써보자는 마음으로 보낸, 이 편지에 대해 사실 답장이 올 가능성이 거의 없다는 걸 잘 알고 있었다. 극단적인 이념논쟁과 흑백논리 속에 진행된 그 날의 토론수업은, 지식을 배우고 실천하는 대학생이라는 사실이 스스로 부끄럽게 느껴질 정도로 아쉬움이 가득했었다. 나는 뭔가 그 아쉬움의 근본적인 이유와 대답을 찾고 싶은 절박한 심정으로 편지를 쓰게 되었다.

국제정치는 나 역시도 아는 것이 전무했지만, 중요한 국가 사안에 대해, 무엇인가 사실적인 내용을 바탕으로, 좀 더 논리적이고 이성적으로 접근해야 한다는 것이 내 생각이었다.

세 편지 모두 답장을 받기 힘들 거라는 예상과는 달리, 유난히 추웠던 이 날은 두 달 전 내가 한미연합사령관께 보낸 첫 번째 편지에 대한 답을 듣는 날이었다.

약속시간에 맞춰, 지프차 한 대가 한미연합사령부 정문을 나왔다. 창문이 열리고, 차 안에 있던 한국사람 한 분이 이름을 확인한 후 어서 타라는 신호를 하였다. 따뜻한 차 안의 온기를 느끼기도 전에, 차 안에 있던 그 한국 사람과 여러 명의 외국인이 호기심 가득한 눈으로 나에게 이것저것 질문을 하기 시작했다.

보기에도 무척 어려 보이는 젊은 한국학생 혼자서 판문점과 군사분계선을 방문하는 것이 무척 신기한 모양이었다. 한 시간 남짓 달리는 차 안에서, 자신을 한미연합사령부의 김영규 공보관이라고

도전력

소개한 사람은 한미연합사령관을 대신하여, 내 편지에 대한 대답을 해주었다. 그는 사령관이 직접 만나지 못함을 사과하며, 내가 토론수업 중에 듣지 못했던 내용들을 아주 상세히 알려주었다.

그날 그 순간 자체가 나에겐 놀라움이었다. 비록 사령관을 만나지는 못했지만, 마치 내가 두드린 작지만 용기 어린 노크에 큰 문이 서서히 열리는 것과 같은 느낌이었다.

무심코 보아도 생생하게 보이는 북한군 초병의 날이 선 눈매가 무척 날카롭게 느껴졌다. 차가운 공기마저도 군사분계선을 중심으로 남북이 나뉘어진 느낌이었다. 판문점 너머로 보이는 정복차림의 북한군 두 명은 연신 망원경으로 우리 쪽을 지켜보고 있었다.

내 옆에 있던 외신기자들도 이에 질세라, 카메라 셔터를 계속 눌러대며 북한 쪽의 상황을 한 장면씩 담아냈다.

민간인 출입 통제선을 넘어 들어온 순간부터 시작된 고요함은, 정말 이 곳이 서울에서 불과 한 시간 남짓 거리에 있는 곳인지 믿기지 않을 정도로 무척 다른 분위기를 연출하였다. 너무나 고요하고 평화롭게 보이는 이 모든 풍경이 정말 남북으로 나뉜 현장이란 말인가.

판문점을 경비하는 최전방 미군부대를 넘어, 안타까운 역사로 새겨진 남한 최전방의 현장을 구석구석 모두 살펴보았다.

나에게 판문점 방문은 표현하기 힘든 여러 가지 강렬한 의미를 던져주었다. 판문점의 모든 광경도 그러했지만, 특히 같이 동행했던 외신기자가 나에게 던진 질문이 머리 속을 떠나지 않았다.

"한국의 국민들은 평소 국가에 대한 생각을 얼마나 하는 편인가요? 이렇게 분단이라는 특별한 상황에 있기 때문에 어느 정도인지 더 궁금해집니다."

그 질문과 함께 또 하나 머릿속을 맴돌던 말은, 안내를 해준 김영규 공보관의 말이었다.

"아마도 그동안 판문점을 개인 신분으로 방문한 대학생은 정훈씨가 유일할 겁니다. 최초로 판문점을 개인 방문한 대학생이라고 말할 수 있겠네요."

그 외신기자가, '판문점을 최초로 개인 방문한 한국의 대학생'에게 던진 질문에 대한 나의 대답은 초라하기 그지없었다. 그동안 군대를 다녀온 것과 월드컵 응원, IMF경제위기 등. 나에게 직접적으로 다가온 상황 외에 내가 언제 '국가'에 대해 진지한 생각과 고민을 해보았던가. 간단한 그 질문에 결국 나는 우물쭈물 거릴 수밖에 없었다.

남북이 나뉘어진 바로 그 현장에 서있는 내 모습이 무척 부끄럽게 느껴지는 순간이었다. 질문에 선뜻 대답하지 못했기 때문이기도 했지만, 늘 내 주위의 작은 울타리에서 벗어나지 못하고, 지극히 나만, 내 위주로만 생각하며 살고 있는 모습에 대한 실망감이 들었다.

판문점을 다녀온 후 며칠 동안, 내 미래의 삶이 더 넓은 시각 속에서 살 수 있는 방법이 무엇일까 깊은 고민을 하였다.

곧 대학생활의 마지막인 4학년 새 학기가 시작되었고, 난 여전히 그 고민에 대한 답을 찾지는 못하였다.

그렇게 시간이 흐르고, 2004년 4월 8일. 수업 중 걸려온 뜻밖의 전화는 내 고민 해결에 대한 실마리를 주었다. 내가 보낸 세 통의 편지 중 두 번째 편지에 대한 답장이었다.

"안녕하세요. 김정훈 씨인가요? 저는 주한미국대사관에 근무하는 정경아 전문위원이라고 합니다. 반가워요."

나는 조금 놀라며 말했다. "안녕하세요. 실제로 이렇게 전화가 올 거라고 생각 못했습니다. 뜻밖이고, 무척 반갑습니다."

정경아 위원은 오히려 편지를 보내줘서 고맙다고 하며, 대사관에서 나에게 관심을 가진 또 한 명의 미국 외교관과 함께 한번 만나볼 것을 제안했다. 수화기를 내리고 나서, 가슴이 뛰기 시작했다. 사람들을 만난다는 것에 대한 설렘보다도, 내가 진심을 가지고 시작한 작은 시도들이 조금씩 반응을 나타내고 있다는 것에 대한 두근거림이었다. 대학 4학년이 될 동안, 내가 거의 유일하게 적극적으로 도전했던 해병대 지원 외에는 처음으로 작은 도전들에 대해 답이 오고 있는 순간이었다.

정치나 외교 관련 전공이 아닌 한 지방대에 다니던 내가, 교양과목으로 수강한 국제정치 수업에서 느낀 문제와 답을, 이렇게 직접 하나씩 구해나가고 있다는 사실은 스스로도 무척 신기하고 놀라웠다.

같은 해 5월 18일. 나는 토마스 하버드 주한미국대사를 만나게 되었고, 미국을 대표하는 대사와 한미관계에 대해 대담을 가진 최초의 한국 대학생이 되었다. 두 번째 편지에 대한 답을 직접 듣는 순간이었다.

그리고 두 달 후 7월 23일. 반기문 외교통상부 장관께 직접 초청

되어, 외빈 접견실에서 외교부 주요 인사들이 배석한 가운데, 세 번째 편지에 대한 답을 듣게 되었다.

　기적 같은 일은 여기서 끝나지 않았다.

　그 해가 가기 전, 11월 3일에는 리언 라포트 미 육군대장, 한미연합사령관께 초청되어 이라크 파병문제에 관한 질문을 하였고, 첫 번째 편지에 대한 답을 직접 들을 수 있었다.

　스물네 살 그 해. 나는 내 미래에 대한 답을 전부는 아니었지만, 상당히 많은 부분을 얻을 수 있었다. 대학 4년 동안 배운 내 전공과 상관없었고, 또 지난 24년간 내가 살아 온 삶의 모습과도 다른 꿈을 꾸게 되었다.

　나는 미래의 한국이 국제사회 속에서 지금보다 조금 더 중요하고 중추적인 다양한 역할을 할 수 있도록 내가 할 수 있는 일을 찾아 보기로 하였다. 남북으로 분단된 한국과 북한의 상황, 그리고 미국, 중국, 일본 등 세계 여러 국가와의 다양한 관계와 모습에 대해 공부하기로 하였다.

　그리고 내가 가진 꿈은 진정성이 담겨 있어야 한다고 생각했다. 나를 위한, 나만의 입신을 위한 꿈이 아니어야 한다고 생각했다. 그 진심이 나중에 내 주위 모든 사람들이 알 수 있도록, 내 모든 노력을 다할 것을 다짐하였다.

　나는 처음으로 나에게 주어진 꿈을 찾게 된 것이다.

　작은 시작이었지만 꿈을 향한 첫걸음이었다.

유일한 20대

그로부터 3년 9개월이 지난, 스물일곱 번째 맞이하는 크리스마스 저녁이었다. 약간 어두워진 산 속의 공원을 천천히 걷고 있었는데, 나는 벅찬 가슴 때문에 머릿속에 수많은 생각들을 제대로 정리할 수가 없었다. 앞으로 두 달간에 대한 기대는 물론이고, 내가 어떤 일을 해야 할 것인가 등. 들뜬 마음속에 이 모든 생각들이 솜사탕처럼 녹아 내리고 있었다. 삼청공원을 나와서 내려오는 길에 내 일부터 출근하게 될 금융연수원건물이 한눈에 들어왔다.

2007년 12월 26일. 제17대 대통령직인수위원회가 삼청동 금융연수원에서 공식 출범하였다. 인수위는 앞으로 5년간 들어서는 새로운 정부를 준비하고, 대통령직 인수와 관련된 모든 임무, 그리고 정부의 기능 및 조직을 파악하고 인수하기 위한 실질적인 기능을 수행하는 곳이었다. 이러한 막중한 임무를 수행하기 위해, 관련된 모든 분야의 국내외 최고 전문가들이 참여하였다.

각 분야의 내로라하는 전문가들은 인수위에 참여하기 위해 치열한 경쟁을 하기도 한다. 5년에 한 번씩, 두 달여라는 한정된 시간 때문에, 역대 인수위 참여라는 기회는 극히 소수의 인원들에게만 주어지고, 인수위에 참여하게 되면 곧 그 분야만큼은 최고의 전문성을 가졌다고 인정받기 때문이다. 뛰어난 공직자들과 최고의 전문가들에게는 무척 매력적인 경력인 셈이다. 17대 인수위는 대변인실을 비롯한, 7개 분과위원회에서 인수위원, 전문위원, 실무위원 등 공식인원 184명이 업무를 진행하였다. 그리고 수많은 자문위원들과 정책연구위원 등이 참여하였다.

나는 인수위 184명의 공식인원 중에 유일한 20대로, 27세라는 최연소의 나이에 참여하게 되었다. 개인적으로 무척 영광이었지만, 한편으로는 그만큼 많은 책임감과 무게감으로 매일 아침이 긴장과 설렘 속에 시작되었다. 스물네 살에 내가 막연하게 생각했던, '국제사회 속 한국의 더 높은 위상'을 위해, 국가를 위한 내 역할을 찾겠다는 꿈이 이제 조금씩 구체적으로 그려지는 순간이었다. 공식 출범한 2007년 12월 26일부터, 이듬해 2월 24일 해단식을 할 때까지 인수위의 일정은 정말 눈코 뜰 새 없이 바쁜 나날의 연속이었다. 매일매일 인수위에서 발표하는 내용들은, '새 정부의 정책과 기조'라는 중요한 의미 때문인지, 연일 수많은 언론매체를 통해 뉴스로 보도되고 있었다. 인수위에는 사상 유례가 없는 약 600여명의 언론기자들이 자리를 잡고, 매일 치열한 취재전쟁을 하였다. 그만큼 기자들에게는 중요한 뉴스 취재원이었던 곳이다.

인수위에서 발표되는 모든 내용들은 대변인실을 통해서 언론사와 기자들에게 발표되고 제공되었는데, 대변인실은 인수위의 내용과 정보를 모아 발표하는 역할뿐 아니라, 출입하는 모든 언론사와 기자들이 인수위 생활을 문제없이 할 수 있도록 도와주는 취재협조 역할도 하였다. 인수위 8개 분과조직 중 가장 역동적인 업무와 열정적인 일상을 소화하는 부서라고 해도 과언이 아니었다.

나는 이러한 '열정적인' 대변인실에 소속되었다. 내가 맡은 업무는 방송, 카메라, 사진 기자들에게 취재내용과 일정을 공지하고, 기자들에게 인수위 생활을 위한 편의와 협조, 그리고 모든 취재기자들의 인수위 출입을 지원해주는 역할이었다.

내가 이 역할을 맡은 이유는 두 가지였는데, 어떤 일이든 한 걸음 빠르고, 정확히 처리한다는 점이 높이 평가되었고, 또 대부분의 기자들보다 나이가 어리다 보니, 기자들과 '선, 후배'라는 부담 없는 관계를 쉽게 만들 수 있어서였다. 취재처와 언론기자들과의 관계는 일반적인 업무와는 다른 조금 독특한 관계이기 때문에, 일적으로는 서로 빈틈없이 처리하려 하지만, 인간적으로는 부담 없는 사이가 되는 걸 중요하게 생각하였다.

아침에 출근하면 기자실에 먼저 들러, 수많은 기자선배들과 일일이 반갑고, 쾌활하게 인사를 나누었다. 아무리 바쁘고 건조한 취재일상에 지친 선배들도, 젊고 활기찬 후배가 건네는 인사에는 환한 웃음으로 맞아주었다. 하루 종일 서로 이런저런 내용들로 나눈 대화들과 일들이 저녁 9시 뉴스에 정리되어 보도 될 때면, 그 기분은 뭐라 표현하기 힘든 벅찬 느낌이었다.

나는 매일매일 이런 모든 일들과 환경이 감사하고 기뻤다.

너무나 바쁘고 많은 업무들로 인해, 지치고 힘이 들 때도 있었지만. 그 때마다 이렇게 생각했다. '대한민국에서 누가 불과 스물 일곱의 나이에 이렇게 멋지고, 중요한 일을 경험할 수 있을까. 늘 기쁘고 감사한 마음을 갖자!'

업무의 특성상 '딱딱하고 심각할' 수밖에 없는 조직에서, 나는 스스로 비타민과 같은 역할을 찾아야겠다는 생각을 하였다.

그래서 아주 사소한 일들부터 시작하였는데, 그 중의 하나가 기자들을 비롯해, 같이 일하는 모든 동료들의 생일과 경, 조사를 챙기는 일이었다. 물론 처음엔 두 달 간의 한정된 시간 속에 과연 몇 명이나 챙길 수 있을까? 라고 생각했지만, 의외로 1월과 2월에 생일과 결혼 등 여러 기쁜 일들이 있는 사람들이 많았다.

그리고 꼭 그런 횟수와 상관없이 한두 명이라도 주위 사람들과 함께 기쁜 일들을 같이 나눈다는 것에 대해 반응이 무척 좋았다. 1월에는 KBS 여기자 선배가 생일을 맞았는데, 그 소식을 먼저 알고 여러 사람들에게 알렸더니, 그 소문이 여러 곳에 퍼져, 인수위원들도 생일축하와 케이크를 자리에 배달하는 일까지 생기게 되었다. 그 선배 주변사람들은 물론이고, 기자실의 많은 기자와 대변인실 사람들까지 기쁨을 나누며 축하를 해주었다.

나중에 "하루 종일 축하에 시달렸다"라는 선배의 귀여운 투정 아닌 투정까지 듣게 되었지만, 이 조직에서 비타민 같은 역할을 하겠다던 나의 작은 생각이 이렇게 긍정적인 효과로 나타나게 되어, 인수위 생활에서 또 하나의 기쁨을 만들었던 것 같다.

어느덧 두 달이라는 시간이 지나가고 있었다. 내 가족과 서민경제, 정부와 기업 그리고 국제사회 속 한국의 모습에 직접적으로 영향을 주는 수많은 정책을 구상하고 다듬고 발표하는 일을 내가 직접 하고 있다는 것이, 늘 스스로 마음을 무척 겸허하게 하였다.

몇 년 전. 판문점을 방문하였을 때, 외신기자가 나에게 물었던, "국가에 대해 얼마나 생각하고 살고 있냐"는 질문에 대한 의미를, 하루하루 정말 몸과 마음으로 느끼는 시간들이었다.

인수위 참여는 개인적으로도 무척 큰 의미가 있었다. 국가의 큰 틀에서부터 작은 부분의 시스템까지 모두 하나씩 보고 듣고 만지고 느낄 수 있는 경험이었기 때문이다. 여기서 배운 모든 것들이, 분명 훗날 나의 꿈에 조금 더 가까이 갈 수 있는 중요한 요소가 될 것이라고 생각했다. 이것은 정말 나에게 소중한 결실이었다. 그리고 꿈을 향한 여정에서 비로써 작은 결과를 만든 순간이기도 하였다.

그렇지만 나는 결과 보다는 이러한 결실을 맺기 위해 노력했던, 그동안의 과정을 더욱 중요하게 생각하고 가슴에 간직하고 있다. 인수위에 참여하기까지 3년 9개월, 1370일은 나에게 하루하루가 살아있는 배움과 지식이었기 때문이다.

그리고 처음 꿈을 가진 후로 1900여일이 지난 지금까지, 나는 매일 내 가슴속에 뜨거운 도전을 열정이란 이름으로 기록하였다.

그 기록은 불가능한 이상을 향한 도전과 모험에 관한 이야기이며, 매일같이 스스로 자신에게 말한 희망에 관한 이야기이다.

그래서 지금 내가 가진 젊음과 희망의 도전들이, 누군가에게 역동적인 삶의 동기부여로 전해지길 조심스레 기대해 본다.

2
외교 무대를
종횡무진 누빈 대학생

미국 대사를 감동시키다

2004년 4월 21일.

내가 보낸 편지와 관련해 미대사관의 정경아 위원과 통화 한 후, 며칠 뒤였다. 광화문 지하철역에 내려서 약속한 커피숍 2층에 올라서자, 온화해 보이는 중년의 한국여성과 부드러운 인상의 외국여성 한 분이 이야기를 나누고 있었다.

대화를 하다가, 입구에 서있는 나를 발견한 두 사람은 환한 웃음으로 반갑게 맞아주었다.

"안녕하세요. 지난번에 전화 드린 주한미국대사관의 정경아 전문위원이에요. 이 분은 죠앤 마튼 미 국무부 1등서기관 이시구요."

나는 조금 떨렸지만, 침착한 목소리로 인사하였다.

"안녕하세요. 대사님께 편지 드린 김정훈입니다. 두 분을 만나 뵙게 돼서 정말 반갑습니다."

여러가지 질문들을 할 거라는 내 예상과는 달리, 나에게 먼저 하고 싶은 말을 해달라고 하였다. 나는 천천히 더듬거리는 실력의 영어로 말하기 시작하였다. 사실 내 영어실력이 너무 형편없었기 때문에, 내 의견을 한국어로 말할 것인지, 영어로 말할 것인지 오는 내내 고민하였다. 결국, 미대사를 만나려는 이유조차 영어로 말하지 못한다면, 그들을 설득하기 힘들 거라는 생각을 하였다.

10분 넘게 혼자 더듬거리며 설명하는 내 말을, 두 사람은 단 한번 질문 없이 조용히 경청 해주었다. 내 말이 끝나자, 정경아 위원은 미국외교관에게 다시 좀 더 내용을 설명해 주었다.

'역시 내 말 뜻이 제대로 전달되지 못했구나' 하고 조금 실망하는데, 죠앤 마튼 서기관이 미소를 지으며 말하였다.

"저는 한국어로 대답 드릴게요." 그녀는 서툴렀지만, 정확한 발음의 우리말로 말하였다.

"저는 정훈씨 설명이 우리와의 미팅을 위해 얼마나 많은 생각과 준비를 했는지 그대로 표현하고 있어서 좋은 인상을 주는 것 같아요. 그리고 진지한 내용과 표정에서 대사님을 만나려는 이유가 확실한 것 같아 더 이상 다른 질문을 드릴 필요는 없을 것 같네요. 윗분께 보고 드리고 날짜를 서로 협의해 진행하면 될 거 같아요."

기대 이상의 미팅결과에, 내 가슴은 두근거리고 있었다.

정경아 위원이 한 가지 더 궁금하다는 듯이 물었다.

"제가 듣기엔 정말 훌륭한 영어설명 같아요. 그런데 마치 정훈씨 설명이 우리가 어떤 대화를 할 지 미리 알고 있었던 것 같은 느낌이었는데, 혹시 무슨 연습을 했나요?"

나는 겸연쩍게 웃으며 대답했다.

"부끄러운 말이지만 솔직히 전 영어를 거의 못합니다. 대학 3년 동안 영어 수업에서 좋은 점수를 받은 적도 없고요. 그런데 오늘 이 자리에 오기 전에 두 가지만을 계속 생각하며 기도했습니다. '내 마음에 진심을 담자.' 그리고 '그 마음을 표현하고 전달할 수 있는 용기를 가지자.' 물론 며칠 동안 혼자 기숙사 벽을 친구 삼아, 정말 영어 연습도 많이 했습니다."

내 대답을 들은 그녀는 환하게 웃으면서, 나를 향해 엄지손가락을 치켜들었다. 학교로 돌아온 뒤, 몇 번의 연락을 더 주고받고, 미대사를 만날 날짜를 정했다. 어느덧 약속한 날이 되었고, 나는 미대사관 공보과 홀에서 외교관들과 인사를 나누며, 조금 긴장된 마음으로 미대사를 기다렸다.

잠시 후 커다란 홀의 옆문이 열리고, 문에서 들어오는 중년의 남자에게 홀에 있는 사람들이 깍듯이 인사를 하였다. 미국 정부를 대표해 한국에 있는 최고위 미국외교관, 토마스 하버드 주한미국대사셨다.

그는 사람들과 부드럽게 눈인사를 나눈 뒤, 나를 보고 오랜 친구를 만난 듯이 말했다.

"당신이 그 유명한 Mr. Kim이군요." 미대사는 당황한 나에게 다시 한 번 말하였다.

"Mr. Kim의 편지내용은 잘 보았습니다. 그리고 당신이 가진 용기에 관해서 우리 직원에게 들었고요."

홀 위쪽에서 지난 번 미팅 때 만난 죠앤 마튼 서기관이 나를 향해 미소를 보내며 윙크를 하였다.

"꼭 만나야 할 한국의 젊은 세대라고 했지만, 적어도 30대나 40대 정도 되는 줄 알았는데요. 이렇게 젊은 외교관이라고 생각하지 못했어요."

나는 갑자기 미대사가 나를 '외교관'이라고 지칭하여 어리둥절한 표정을 지었다. 주변에 있는 '진짜 외교관'들이 그 모습을 보고 웃으면서, 화기애애한 분위기 속에 대담은 시작되었다.

나는 대화 중에 때로는 충분히 날카로울 수도 있는 여러 질문들도 거침없이 하였다. 한국의 이라크파병 문제와, 미군 장갑차 사고에 대해서도 질문하였다. 하버드 대사는 어떤 질문에는 침착하게, 그리고 어떤 질문에는 열정적인 표현으로 나에게 설명하였다.

나는 이 순간만큼은 개인적 궁금함이 아닌, 한국인 모두를 대표한다는 마음으로, 준비해 간 다양한 주제와 여러 질문을 담대하고, 침착하게 하였다.

미대사는 내 질문을 듣던 중, 갑자기 나에게 물었다.

"대화 중에 미안하지만, Mr. Kim 정말 대학생이 맞나요?"

그리고 의외의 말들이 이어졌다.

"내가 처음에 Mr. Kim을 외교관이라고 말했는데, 대화를 해보니, 실제 외교관들보다 더 용기있는 사람 같군요. 질문들에서 진실한 담대함이 느껴집니다. 앞으로 또 어떤 용기들을 가지게 될 지 정말 궁금해지네요."

나는 그 자리에서 직접 대답하지 않았지만, '만약 내게 용기가 주어진다면, 적어도 그 용기는 내가 아닌, 다른 사람들을 위해서 일 것'이라고 생각 하였다.

도전력

대담이 끝나고, 악수와 함께 끝인사를 건네는 나에게 미대사는 말씀하셨다.

"오늘 나에게 해 준 말들을, 다음에도 꼭 해주길 기대할게요."

나는 이 말씀의 뜻이 정확히 이해되지 않았다.

하지만 2년이 지난 후에, 그 말이 무슨 뜻인지 알 수 있게 되었다. 나는 하버드 대사 이후로, 크리스토퍼 힐Christopher R. hill대사, 마크 민튼Mark C. Minton 대리대사, 알렉산더 버시바우Alexander Vershbow 대사까지 역대 네 분의 미국대사께 초대되어 한국 젊은 세대의 의견을 대표로 말하는 놀라운 기회를 가지게 되었던 것이다.

나는 그런 기회가 우연히 찾아왔다고 생각하지 않았다.

영어도 거의 구사하지 못했고 정치외교학도도 아닌 나에게, 그 순간에 '기회'라는 단어의 의미는, 오직 진심이 담긴 확실한 목적과, 그 목적을 표현할 수 있는 노력, 그리고 내가 가진 용기를 표현할 때 잡을 수 있는 것이라고 생각했다.

장관님! 개인 연락처 좀 여쭤볼 수 있을까요?

보내주신 메일 반갑게 잘 받아보았습니다.

젊은 학생이 우리 외교에 큰 관심을 가지고 연구하면서 나라의 장래를 고민하고 나라 발전을 위해 기여하려는 모습을 보니 무척 대견하고 마음 든든합니다.

저와의 면담을 통해 우리 대학생들의 대미 인식 및 대외관계 인식에 대해 이야기할 기회를 갖고자 희망하셨는데, 저 또한 김정훈 학생과 만나 이러한 의견을 나눌 기회를 갖는다면 기쁜 일이 될 것 같습니다. 구체적인 면담일정은 비서실의 ○○○ 비서관에게 전화해서 협의하시기 바랍니다. 제가 비서실에 얘기해 두겠습니다. 조만간 서로 만나 유익한 의견교환의 장을 갖게 되기를 기대합니다.

2004. 5. 31 외교통상부 장관 반 기 문 드림.

〈내가 보낸 첫 메일에 대한 반기문 장관의 답장 中〉

토마스 하버드 주한미대사와 간담회 이 후, 나는 진로 고민을 새로운 시각에서 하기로 하였다. 판문점 방문과, 주한미대사와의 대담은 분명 내 인생에 있어 특별한 경험이었고, 새로운 도전이었다. 국제관계 수업시간에 가진 궁금증을 풀기 위해서 계획하고 시작한 일들이, 이젠 나에게 새로운 생각과 시각을 가지게 하고 있었다. 나는 정확한 미래의 목표를 정한 것은 아니었지만, 우선 국제사회 속의 한국의 정치, 외교, 경제 상황 등에 대해 좀 더 공부하고, 이와 관련된 일들을 해야겠다고 생각하였다.

이 결론은 아무런 배경과 지식, 도움 줄 곳 없는 나에게는 무모한 도전과 모험이었다.

무엇보다 우선 내가 이러한 일에 관심을 가지고 무엇인가 활동을 할 수 있도록, 후원해 줄 곳이 필요했다. 내가 생각한 후원은 재정적인 부분이 아니라, 관련된 여러 행사와 경험을 할 수 있도록 도움을 주는 것이었다. 내가 다니는 학교에 자긍심을 가지고 있었지만 지방에 위치하고 관련 전공이 없다는 점은 여러 정보를 얻기에 분명 한계가 있었다.

인터넷 기사와 다양한 사이트들을 며칠을 찾은 끝에, 한미협회라는 단체를 알게 되었다.

홈페이지에서 본 한미협회는 우리나라의 대표적인 기업인들의 국제교류 모임이었다. 당시에는 구평회 전 LG그룹 회장이 협회 회장을 맡고 계셨는데, 막상 이렇게 큰 단체를 찾고 나니 전화하기가 무척 망설여졌다.

메모지에 수십 번 통화할 내용을 정리하고, 할 말을 2분 이내에

간결하게 해야겠다는 생각으로 몇 번을 소리 내어 연습한 후, 조심스레 전화를 걸었다.

"감사합니다. 한미협회입니다." 전화기 건너 들려오는 젊은 여성의 목소리는 무척 쾌활하고 예의있어 보였다. 나는 조금 안정된 마음으로 인사를 하였다. 그리고 내가 전화한 이유와 판문점과 주한 미대사관을 방문한 이야기를 하였다. 그녀는 조금 있다가 다시 전화를 해주겠다고 하며, 내 연락처를 물어보았다.

30분쯤 후에 전화가 왔다. 긴장된 마음으로 받았는데, 예상외로 반가운 소식을 알려주었다.

협회 사무실에 상근하시는 이사님께 내 이야기를 전달했고, 주한미군과 미국대사관에 통화를 했더니, 두 군데 모두 나를 젊고 패기 있는 학생으로 소개를 했다는 것이었다. 그리고 그녀는 나에게 협회로 한번 방문해 줄 것을 요청하였다. 판문점을 가고, 대사관을 방문했던 일이 나에게 큰 도움이 된 것이다.

2004년 5월 21일 이른 아침. 나는 서울역 맞은편에 위치한 밀레니엄 힐튼 호텔로 들어섰다. 한미협회에서 주최한 '반기문 외교통상부 장관 초청 조찬강연회'가 열리는 장소였다.

호텔 안의 그랜드볼룸 입구에 다다르자, 과연 협회의 위상을 실감할 정도의 많은 고위인사들이 입장하고 있었다. 주로 경제계의 인사들이 많이 보였는데, 대기업의 회장들과 경제단체의 회장 등. 방송과 신문을 통해서만 보던 유명 인사들이 자리하고 있었다.

행사장 입구에서 등록하는 방법을 몰라, 헤매던 중. 낯익은 목소리가 반갑게 들렸다. "김정훈씨 맞죠?" 등록 테이블에 서있는 젊은 여성이 나를 보면 인사했다. 내가 협회에 처음 전화했을 때 통화한 분이었다. 나중에 안 사실이지만, 이 분은 협회 사무실이 위치한 LG 칼텍스 정유(현 (주)E1)의 회장 비서실 대리였다. 당시 구평회 협회 회장이 이 회사의 명예회장으로 재직 중이셨기 때문이다.

나도 반갑게 인사를 하였고, 대리의 도움으로 무사히 등록을 마치고 행사장의 자리로 안내 받았다. 행사장 자리에 앉고서야, 며칠 전 협회를 방문했을 때 이병조 상근이사께서 하신 말씀이 실감났다.

"우리 협회는 45년의 역사를 가졌지만, 학생처럼 젊은 회원을 받은 것은 협회 역사상 처음 있는 일이에요. 앞으로 김정훈 학생의 여러 활동에 큰 기대를 가집니다."

행사장에는 나와 같이 젊은 사람이 단 한명도 없었다. 그런 상황을 느끼고 있을 때쯤 많은 협회 회원들이 나를 신기하다는 듯이 보고 있었다. 하지만 이런 점이 나에게는 더 좋은 기회가 되었.

장관의 강연이 끝나고, 질문을 받는 순서에서 유일한 젊은 회원답게 가장 먼저 손을 들어 질문을 하였고, 장관께서 내 질문에 무척 흔쾌히 답을 해주셨다.

행사가 모두 끝나고, 많은 사람들이 새로 취임한 반기문 장관께 다가가 인사를 하며, 명함을 교환하였다. 나 역시 오늘의 순간을 위해, 직접 만든 명함과 내가 조직한 작은 단체에 대한 홍보물을 손에 들고 장관님께 인사하기 위해 순서를 기다렸다. 좀처럼 내 순서가 돌아오지 않았는데, 장관님과 매우 반가운 한 분이 함께 이야기를 나누고 계신 것이 보였다.

바로 며칠 전 나와 대담을 나눈 토마스 하버드 미국대사였다. 그리고 대화를 하시던 대사도 나를 발견하시고, 반갑게 손짓을 하셨다. 대사는 장관께 나와의 인연을 간단히 소개하고, 먼저 자리를 떠나셨다.

"안녕하세요. 강연 중에 질문 드린 대학생 김정훈이라고 합니다. 저는 국제관계와 한미관계에 무척 관심이 많습니다. 인사 드리게 되어 정말 기쁩니다. 이건 제 명함과 제가 만든 대학생 연구단체 소개인데, 꼭 한번 읽어주시길 부탁드립니다."

장관께서 내 명함과 홍보물을 보시더니, 정장 상의 안주머니에 넣으시고, 나에게 웃으며 말하셨다.

"한미협회에서 아주 좋은 회원을 모셨네요. 안내문은 꼭 한번 볼게요. 반가워요."

발걸음을 옮기는 장관께 나는 명함을 주실 것을 요청 드렸다. 그리고 한 가지를 질문하였다.

"실례가 안 된다면, 혹시 장관님께 바로 직접 연락드릴 수 있는 방법을 여쭤 봐도 될까요?"

장관님은 웃으시며, 명함에 적힌 이메일 주소로 연락 달라고 하셨다. 나는 어디서 그런 용기가 났는지, 한 번 더 질문하였다.

"장관님. 이메일 주소는 비서실에서 관리하는 주소가 아닌지 해서요. 직접 연락드릴 방법은 혹시 없을까요?"

뒤에 있던 보좌관 몇 분이 나에게 이제 그만하라는 신호를 보냈다. 장관은 내가 무척 신기하셨는지 조금 물끄러미 보시다가 다시 한 번 내 명함을 꺼내어 보고 나서 말하셨다. "내 명함의 메일주소로 연락 주면 정훈학생에게 꼭 직접 답장을 드릴께요."

도전력

그제서야 나는 기쁜 마음으로 감사의 인사를 드릴 수 있었다.

장관께선 나에게 매일 답장을 주겠다는 이 약속을 지키셨고, 메일 내용처럼 비서실에 내가 약속을 잡을 수 있도록 조치를 취해주셨다.

7월 23일. 외교부의 주요 인사들이 배석한 가운데, 나는 외교통상부 사상 처음으로 외교 장관과 대담을 나눈 대학생이 되었다.

당초 예정시간보다, 무려 한 시간 반이나 지나고 세 시간에 가까운 만남이 끝날 때쯤, 배석한 국장 한 분이 웃으며 말하였다.

"그때 학생이 준 그 홍보물 아주 잘 만든 것 같았어요." 나도 미소를 지으며 대답했다. "그 홍보물은 장관님이 받으셨을 때, 상의 안주머니에 바로 넣고, 꼭 나중에 다시 한 번 꺼내 보실 수 있도록, 적당한 크기를 생각해 일주일 동안 고민해서 만든 것입니다."

내 말을 들은 장관을 비롯해 외빈 접견실 안의 모든 분들이 크게 웃으면서, 그 날의 만남은 즐겁게 마무리 되었다.

만남이 끝나고, 외교통상부 청사를 나오고 있을 때 나의 꿈은 좀 더 선명해져 있었다. 하지만 동시에, 현실적인 문제들에 대한 생각 역시 서서히 커지고 있었다.

학교 기숙사로 돌아오는 기차 안에서, 나는 여러 깊은 고민을 할 수밖에 없었다. 부모님은 24시간을 꼬박 가게에서 보내고 계셨고, 나 역시 주말이나 남는 시간에는 항상 가게 일을 도와드려야 했다. 더군다나 곧 취직을 준비해야 하는 4학년이었다.

부끄럽지만 학교 성적이 월등히 좋은 편이 아니었고, 내가 다니는 대학은 교환학생의 기회가 많이 주어지는 학교도 아니었다. 그렇다고 어학연수를 가거나 외국유학, 혹은 대학원을 갈만한 상황이 아니었다. 어떤 부분 하나, 나를 둘러싸고 있는 현실은 결코 내가 이상적인 꿈을 가질 만큼 여유롭지가 않았다. 솔직히 쉽게 판단할 수 있는 상황은 아니었다.

그런데 한참을 생각하다가 문득 그런 생각이 들었다.

만약 지금 나를 둘러싸고 있는 이 현실이 문제이고 걱정이라면, 현실을 한번 모두 바꾸어보는 건 어떨까. 언제까지나 주어진 환경이 내 현실이라고 생각하며 살 수는 없지 않은가. 지금부터라도 누구보다 치열하게 노력하고 살면 가능하지 않을까.

내 마음 속에 그런 생각이 미치게 되자, 점점 꿈을 찾아야겠다는 확신이 서며, 한번 제대로 부딪혀 보자는 마음이 생겼다. 장관님과 처음 만났을 때의 마음처럼 가슴이 뛰기 시작하였다.

그 날 그 순간, 내 고민은 분명 깊었지만 다시 현실을 선택 할 만큼, 더 이상 나약한 마음은 아니었다. 나는 확실한 결론을 정하였고, 설레는 마음으로 천천히 기차에서 내렸다.

질문 있습니다!

몇 번의 특별한 경험을 바탕으로, 나는 좀 더 체계적인 국제관계 연구와 활동을 위한 준비를 시작했다. 그리고 많은 생각과 준비 끝에 당시에는 전무했던, 전국 규모의 대학생 국제관계 연구단체를 만들어 보기로 하였다.

물론 학교 내의 작은 동아리를 만드는 것도 쉽지 않은 일일 텐데, 전국규모의 단체를 과연 혼자 만들 수 있을까 하는 걱정도 되었다. 하지만 오히려 아무도 시도하지 않았던 일이기에, 더 도전해 볼만한 가치가 있다고 생각하였다.

계획을 구상하고, 생각을 정리하자, 나는 머뭇거림 없이 바로 행동으로 옮기기 시작했다. 한 커뮤니티 사이트를 이용해 홈페이지를 만들었고, 거의 매일같이 시간이 있을 때마다 부지런히 홍보 하였다.

인터넷 상에 내가 했던 경험담을 중심으로, 단체의 목적과 취지 등을 담은 소개글을 만들었고, 여러 커뮤니티와 블로그 게시판 등에 하루에 수십 번씩 소개문을 올렸다.

처음에 홈페이지에 표시 된 회원 수가 나 혼자를 표시하는 '1'이었는데, 며칠을 그렇게 열심히 홍보하다 보니, 어느새 '7'이 되었고 2주 정도의 시간이 흐르자 '20'명의 사람들이 모이게 되었다.

어느 정도 사람들이 모였기에, 서로 소개도 하고 앞으로의 단체 운영방안을 논의하기 위하여, 첫 번째 모임을 가지기로 하였다.

처음에는 주로 서울 소재 대학교의 학생들이 회원으로 가입하였다. 모임이 있던 저녁, 서울로 올라가는 기차에서 나는 그렇게 떨릴 수가 없었다. 정말 뭔가 일을 시작했다는 성취감과 나와 비슷한 관심사를 가진 다른 학교 학생들을 만난다는 큰 기대감이 들었다. 하지만 두 시간 남짓의 모임을 마치고, 다시 학교로 내려오는 기차에서는, 몇 시간 전에 가졌던 흥분과 기대감과는 정반대로, 스스로에 대한 큰 실망과 부끄러운 마음으로 견딜 수가 없었다.

그 날 만난 회원들은 모두 '정치 외교학'을 전공하는 학생들이었다. 처음에는 내가 했던, 여러 일들에 대해 열정적으로 설명할 수 있었지만, 다양한 주제로 대화를 진행하는 과정에서 아무런 배경지식이 없는 나의 얕은 시각은 점점 한계를 보이고 있었다. 전공으로 공부하는 회원들과 내 모습은 금방 대조가 되었다.

그 실망은 내 지식에 대한 안타까움이었고, 또 직접 단체를 만든 리더로서 책임감과 제대로 이끌 역량을 먼저 갖춰야겠다는 의무감이 생겼다.

혼자 '정치 외교학'이라는 학문을 공부하여, 지식을 쌓기에는 분명 어려움이 있었다. 그래서 나는 관련된 여러 책들을 보며 공부하는 것과, 동시에 가능한 많은 세미나와 국제회의 등 지식을 배울 수 있는 행사에 참여하기로 하였다. 문제는 대부분의 큰 세미나와 국제회의는 주최하는 단체의 회원들을 중심으로 초대되어서, 나처럼 관심을 가지는 사람이 있어도, 행사에 대한 정보와 참석자격에는 큰 제약이 있었다. 또 학생이라는 위치도, 그런 행사에도 참석하기 쉽지 않은 어려움이 있었다.

고민 끝에 한미협회에 약속을 잡고, 다시 서울행 기차를 탔다.

나는 상근이사를 만나서, 협회와 관계를 맺고 있는 영향력 있는 여러 국제단체에서 행사를 개최하면, 꼭 나를 추천해 주실 것을 부탁 드렸다. 간곡한 부탁을 드리고 나오면서, 앞으로 국제회의와 세미나에 참석할 경우를 대비하여, 부족한 영어실력도 향상 시켜야 겠다고 마음먹었다.

나는 어떤 단체에 초대 받게 되면, 그 단체의 회원으로 가입할 수 있는 방법이 무엇일까 몇 날을 깊이 고민하였다. 그런 고민 끝에 단체 관계자를 만나면 단 한 번에 나를 매력적으로 홍보할 수 있도록, 3분 이내로 할 수 있는 내 소개와, 매력적인 인사방법을 생각하여 만들었다.

"안녕하세요. 저는 대학생 외교연구단체의 회장 김정훈이라고 합니다. 오늘 세미나와 행사 정말 인상 깊었습니다. 또 이렇게 훌륭한 행사에 참가할 수 있게 배려해주신 점 깊이 감사 드립니다.

다름이 아니라, 혹시 앞으로도 이 협회에서 하는 행사에 지속적으로 참가할 수 있을까요? 저를 비롯한 수많은 대학생들에게 큰 배움과 영향을 줄 수 있을 것 같아서요. 혹시 회원들만 참여 가능한 거라면, 제가 연합대학생단체의 회장이니, 저라도 초대해주시면 꼭 좋은 내용들을 많은 대학생들에게 전하겠습니다. 부탁 드립니다."

이런 식으로 짧은 인사말을 수십 개 만들어서 혼자 읽어보았다.

그리고 기숙사 룸메이트들에게 부탁하여, 수많은 상황을 가상으로 만들었고, 그 때마다 내가 적절히 대처할 수 있는 다양한 연습도 하였다.

매일 저녁은 영어회화와 씨름을 하였고, 수업 이외의 시간에는 인터넷에 내가 만든 단체를 소개하는 글을 올렸다. 그리고 아침마다 두 개 이상의 신문을 보며, 시사상식과 안목을 늘려나갔다. 헌책방에 가서 국제관계 관련된 책들을 사서 읽고, 내 지식으로 만들기 위해 고군분투 하였다. 식사시간이 아까울 정도로, 부족한 실력을 쌓기 위해 많은 노력을 기울였다.

뉴스시간이 되면 텔레비전이 있는 기숙사 식당에서 메모를 하며, 그 날의 소식들을 정리하였는데, 처음엔 연예 프로와 스포츠 프로를 즐기던 기숙사 친구들도, 며칠이 지나자 그 시간에는, 자연스럽게 채널을 뉴스화면으로 돌려주었다. 지금도 생각해보면 사소하지만, 놀라운 변화들이었다. 적어도 그 상황에서는. 그리고 깊이 있는 배려를 해 준 친구들에게 무척 고마울 따름이었다.

드디어 얼마 후, 협회 이사께서 여러 국제단체의 행사 초대장을 보내 주시기 시작하였다.

거의 대부분의 행사는 참가자 중, 젊은 사람이 나밖에 없었다.

나는 궁금한 사항이 있으면, 예외 없이 열정적으로 질문하였고, 가급적 참가한 많은 분들과 대화하고, 인사 나누었다.

그동안 수없이 연습한 나만의 인사법은 실제로도 좋은 효과를 나타내었다.

처음 국제회의와 세미나에 참석한 6월부터, 2004년 그 해에만 나는 열 네 번의 국제행사에 참석하였고, 다섯 개의 권위 있는 국제관계단체의 정회원이 되었다. 그리고 회원이 된 단체 모두 '최초의 대학생 회원'이라는 과분하고, 무거운 타이틀과 책임을 얻게 되었다.

나에게 국제단체 정회원이라는 자격은, 생각지도 못한 큰 기회를 제공해 주었다.

그동안 언론과 책에서만 보아왔던, 정부와 재계, 정치계 고위인사들의 생각을 직접 들을 수 있는 기회뿐 아니라, 무엇보다 관련 분야의 세계적인 석학들을 직접 만나서 질문하고 대화할 수 있는 기회를 가지게 된 것이다. 그동안 내가 공부해 온, 국제관계학 교과서 속에 나오는 유명한 논문의 저자인 빅터 차Victor D. Cha 죠지타운대 교수, 데이비드 강David C. Kang 다트머스대 교수 등 젊은 주류 학자들과, 역사의 종말The End of History and the Last Man이라는 현대 정치학의 기념비적 저서를 지은 프란시스 후쿠야마Francis Fukuyama 존스홉킨스대 교수, 미국의 한반도 문제의 대가인 돈 오버도퍼Don Oberdorfer 존스홉킨스대 교수, 국제경제학의 대가 리차드 쿠퍼Richard Cooper 하버드대 교수 등의 강연을 직접 듣고, 질문하고 인사를 나눌 수 있었다. 그리고 세계적인 석학 기 소르망Guy

Sorman을 직접 만나며 국제관계에 대한 탁견도 생생히 들을 수 있었다.

또 행사를 통해 알게 된 여러 단체의 사람들과도 좋은 관계를 맺어, 정부기관이나 다른 국제단체 행사의 강연에도 점차 참석하게 되었다.

나는 세미나 중 질문을 드린 교수에게는 꼭 행사가 끝난 후 인사를 드리며, 이메일 주소 등 연락처를 여쭤보았다.

일종의 나만의 '특별한 인간관계'를 만드는 비법이었다고 할 수 있는데, 한번은 프란시스 후쿠야마Francis Fukuyama 교수에게 행사가 끝난 후, 잠깐 인사를 드리게 되었다.

사실 이 분은 워낙 세계적으로 유명한 학자셨고, 동시에 정치 외교학을 공부하는 학생이라면 누구나 한번쯤 꼭 만나고 싶은 분이었기 때문에, 그 분 앞에 서 있는 것만으로도 무척 떨리는 순간이었다. 후쿠야마 교수는 내 명함을 받으시고, 나를 한번 보시더니, 어떤 공부를 하냐고 물으셨다. 나는 떨렸지만, 내 소개와 내가 하려는 일들에 대해 간단히 설명 드렸다.

뒤에 서있던 단체 관계자들이 교수께 자리를 이동할 것을 권하자, 나를 보며 한마디를 더 하셨다. "학생이 하려는 계획들 무척 인상적이에요. 열정적인 자세가, 언젠가는 더 많은 지식과 비전을 줄 겁니다."

교수님의 그 한마디는 배움을 갈망했던 나에게 정말 '희망' 그 자체였다.

내가 뵙게 된 석학들은 '세계적 지성'이라는 위치에 있기 이전에, 지식을 가르치는 분들로써의 배려있는 모습을 보이셨고, 그 모습은 나에게 신선한 충격을 주었다. 나는 연락처를 받은 교수들께 궁금증이 생기거나, 또는 안부를 여쭤보기 위해 종종 연락을 드렸다. 대부분 답장을 보내주셨으며, 나의 근황에 대해서도 조언과 칭찬을 아끼지 않으셨다.

많은 세미나 참석과, 세계적 석학들과의 만남은, 혼자서 헌책방을 찾으며 공부하던 나에게는, 더할 수 없는 큰 배움과 살아있는 지식이었다.

또한 일회적인 만남으로 끝나지 않고, 지속적으로 연락하며, 그분들의 의견을 들을 수 있다는 것도 정말 무엇과도 비교할 수 없는 나만의 소중한 자산이 되었다.

나는 훗날 대학원에 진학하여, 좀 더 깊이 있는 공부를 시작 하게 되었지만, 여전히 언제나 스스로에게 떨리는 마음으로 외친다.

기회와 배움을 원한다면 주저하지 말고 두드리고, '듣고, 배우고, 질문하라!'

불가능한 도전

국제회의 '참가자'에서 '주최자'로

2004년 8월.

몇 번의 국제회의와 세미나 참석 후, 나는 새로운 도전에 대한 준비를 시작했다.

그동안 배운 살아있는 지식들을 바탕으로, 내가 논하고 말하고 싶은, 주제와 내용들을 국제사회와 한국사회에 직접 표현해 보기로 한 것이다. 또한 지식을 배우는 한국의 대학생으로서, 한국과 연관된 중요한 국제관계의 이슈에 대해 감정적이 아닌, 체계적이고 논리적으로 표현하는 자세가 필요하다고 생각되었다.

그래서 직접 한번 대규모 국제회의를 개최해 보기로 하였다.

사실 이런 생각을 했다는 것 자체가 무모함을 너머, 불가능에 대한 도전이었다.

도전력

당시의 주변 친구들과 지인들의 말을 빌려 표현하자면, 한마디로 '네가 드디어 제 정신이 아니구나'라고 할 정도였다.

주변사람들의 반응이 이 정도였으니, 교수님들과 전문가들에게 회의 개최에 대한 조언을 구했을 때는 더 크게 실망스런 이야기를 들어야 했다.

대규모 국제회의는 큰 국제단체들에서도 몇 달에서, 길게는 1년 정도를 준비해야 개최할 수 있는 행사였다.

기획을 하여 주제를 정하고, 개최장소를 확보하더라도, 격에 맞는 연사와 패널을 모시는 일은 결코 쉬운 일이 아니었다. 청중 또한 몇 명으로 예정할 건지, 참가에 따른 비용과 자격은 어떻게 정할 건지 등. 모든 부분에서 수많은 난관을 거쳐야 하고, 회의에서 발표될 논문준비도 오랜 시간과 집중을 요하는 일이었다. 무엇보다 행사를 개최할 수 있는 엄청난 비용을 마련할 스폰서를 구하는 일이 최대 관건이었다.

국제회의를 준비하려고 할 때쯤, 내가 설립한 단체는 그동안 활발한 홍보로 인해, 전국 15개 대학교에서 80여명의 회원이 가입하였고, 점점 외형과 시스템을 갖추기 시작하였다. 하지만 대부분의 회원들은 큰 세미나와 국제행사 참가경험이 거의 없는 학생들이었다. 주최 단체의 역사와 역량, 참여하는 회원들의 사회적 위치 등이 매우 중요하게 평가되는 국제행사 개최요소에는 턱없이 부족한 조건들이었다.

처음에는 내 계획을 회원들과, 혹은 도움을 줄 만한 지인들과 상의했지만, 대부분 돌아오는 반응이 무척 부정적이었다. 그래서 어쩔 수 없이, 주제를 정하는 기획부터 혼자 끙끙거리며 하기 시작하였다. 일단 주제는 '패널, 재정후원, 청중' 이 세 가지 요소를 고려하여, 가장 대중적이면서 관심을 불러일으킬 수 있는 '한미 관계'를 바탕으로 하기로 결정하였다.

며칠을 수없이 많은 기획서를 혼자 써보며, 예상 연사와 진행 시간, 각 세션 별 제목과 전체적으로 연결되는 의미와 메시지, 장소에 따른 동선과 브레이크타임, 오찬 등. 정말 말 그대로 수백 가지의 구성요소 하나하나를 모두 고려하며 기획안을 완성해 나갔다.

나는 이 기획안을 바탕으로 초대하고 싶은 각 연사와 패널들에게 보내는 참여 요청서, 그리고 재정적인 후원을 요청할 곳에 보내는 재정후원 요청서를 동시에 작성하였다.

이 요청서를 작성하는 일도 사실 며칠을 고민해야 했다. 연사 분들의 개인연락처를 알아내는 것도 무척 힘든 일이었지만, 전화를 먼저 걸어서 행사에 대해 설명한 후 메일을 보내야 했기 때문에, 행사와 나에 대해 소개할 수 있는 '전화 설득문'을 다시 만들어야 했다.

이런 일에 경험이 전혀 없는 학생단체라는 느낌을 주면 안 된다고 생각했기 때문에, 하나하나 모든 일에 마지막이라는 생각으로 치밀하게 계획하고 진행하였다. 그동안 매일 본 신문기사와 뉴스, 그리고 수없이 많이 읽은 책들과 참석한 세미나 등을 떠올리며, 각 세션에 가장 적합한 패널을 찾기 위해 많은 고민을 하였다. 어떤 패널과 연사가 참여 하느냐에 따라, 그 행사의 수준과 격이 정해지기 때문에, 정말 조심스럽고 힘든 일이었다. 무엇보다 참석한 연사의 사회적인 명성에 따라, 재정 후원 단체들을 설득할 수 있기 때문에, 이 일은 국제회의 준비에 가장 중요한 일 중 하나였다.

특히 기조연설과 행사의 축사를 해주실 분을 선정하고 부탁 드리는 일은 정말 힘들었다.

아무래도 한미관계에 관한 국제회의였기 때문에, 기조연설은 반기문 외교통상부 장관께 부탁 드려야 한다고 생각했다. 축사는 장관 의전에 맞추어, 미국측 인사로 당시 주한미국대사였던 크리스토퍼 힐 대사께 부탁 드리기로 하였다.

그리고 환영사는 이 국제회의의 개최 및 주최자인 내가 담당하기로 하였다.

이때까지는 이 무모한 계획이 과연 실현될 수 있을지 스스로도 조금 부정적이었지만, 그래도 이런 계획을 짜고 있다는 일이 얼마나 신나고 기쁘던지.

나는 총 3부의 세션에 모든 연사들의 참여포지션을 구성하고, 이 예상 안대로 각 연사들에게 전화를 걸어, 참여를 부탁 드리기 시작하였다. 그동안 전화를 어떻게 걸어서, 어떤 방식으로 그 분들을 설득할지 고민하고, 준비했던 내용들을 바탕으로 전화를 드렸는데, 실제 한두 분만이 거절하고, 대부분 고려해보겠다는 답을 주셨다.

처음부터, 이 분들이 거절만 하지 않는다면 절반은 성공이라는 마음이었다. 그래서 이제는 한 분 한 분을 진심으로 설득하고 설명 드려서 행사에 참석하실 수 있도록 더 구체적이고 깊이 있는 준비를 하기 시작하였다.

연사 분들이 거절하지 않은 상태였기 때문에, 기획안에 '참가 예정'이라는 말을 쓸 수 있게 되었다. '초대 예정'과 '참가 예정'은 분명 어감에 큰 차이가 있었다.

다시 기획안을 수정하여, 재정후원 요청할 기관에 전화를 드리고 내가 만든 공문을 보냈다.

대부분 기관의 담당자들은 단체의 이름이나, 내 이름만을 듣고는 재정후원에 부정적인 반응을 보였지만, '참가 예정'인 연사들의 성함을 보고는, 정말 이 분들이 참여하실 수 있는 건지 재차 물어보았다. 물론 나는 참여하실 가능성이 매우 높다는 말을 하였다.

지금 돌아보면, 사실 어디서 그런 배짱과 용기가 났는지, 스스로도 신기한 생각이 든다.

수많은 전화와 설득 노력 끝에 '참가 예정 인사'와 '후원 예정 기관'이라는 단계까지 진행할 수 있었다. 이제 시작에 불과했지만, 나는 점점 이 불가능한 도전이, 현실이 될 수 있다는 확신과 자신감을 가지게 되었다.

그 다음으로 나는 참여 청중 수와 행사장소, 동시통역장비와 통역사, 오찬내용, 행사 판플렛과 현수막, 초대장, 네임택 등 아주 세세한 행사의 준비요소들을 하나씩 모두 정하고, 비용을 책정하였다. 관련된 수많은 거래처와 연일 비용과 내용물을 결정하며, 점차 국제회의 개최의 외형을 갖추기 시작하였다. 지금 생각해보면, 불과 스물네 살의 나이에 이 모든 일들을 어떻게 배우지도 않았는데 하나씩 해나갈 수 있었는지, 놀랍고 신기할 따름이다.

여기서도 참 힘들었던 점은, 당시에 현수막이나 행사 소책자, 포

도전력

스터 디자인 비용을 아끼기 위해, 바쁜 시간을 쪼개어 직접 컴퓨터 디자인프로그램을 배워가며, 디자인을 하였던 일이었다. 전문적으로 배워도 힘든 프로그램 등을 책만 보며, 하나씩 만들어 나갔는데, 이런 무모한(?) 노력 덕분에 전체적인 비용이 크게 절약 될 수 있었다.

어느 정도 국제회의 준비의 틀을 마련한 뒤, 가장 힘들고 집중을 요하는 일에 들어갔다. 바로 논문 준비였다. 나는 논문 준비기간을 약 5개월 정도로 정하고, 구체적인 제목과 내용 등을 고민하였다.

내가 발표할 이 논문은 개최할 국제회의의 전체적인 주제를 담고 있어야 했고, 나와 우리 단체가 말하고자 하는 내용이 중심이 되어야 했다. 무엇보다 중요하게 생각한 점은, 한미 양국의 관계에 있어, 그 순간만큼은 나는 한국의 젊은 세대를 대표하는 사람으로서 '진정한 한국 젊은 세대의 생각과, 가치를 표현하고 대변해야 한다'라는 점이었다.

이 점이 논문을 준비하는 과정에 연일 내 어깨를 무겁게 하였다.

그리고 논문의 자료를 모으고 쓰는 동안, 이 시대를 살아가는 한국의 대학생으로서 '개인을 넘어 국가적, 사회적 가치관에 대해서 진지하게 고민해 볼 수 있는 시간'이 되었다.

8개월간 혼자 고군분투하며, 인내 속에서 정말 힘든 준비의 시간이 흘렀다.

2005년 4월 21일. 서초동 외교안보연구원 대회의실.

한국 젊은 세대가 말하는 상호 긍정적인 한미관계 Young Korean Generation's Innovative Proposal on Resolution to Maintain Positive Future

U.S.-Korea Relations 방안'이라는 주제로 내가 처음 주최한 국제회의가 개최되었다.

외교통상부와 전국경제인연합회, 이화여대 통역대학원, 한미협회 등의 공식후원을 받고, 반기문 외교통상부 장관, 마크 민튼 주한미국 대리대사, 스티브 앤더슨Steven M. Anderson 미 육군준장, 폴 길머Paul G. Gilmer 미 국무부 참사관 등. 양국을 대표하는 고위인사들이 대거 연사로 참여하였다.

또한 패널로는 세계적인 시사지인 〈타임TIME〉의 도널드 매킨타이어Donald Macintyre 지국장, 세계적 안보NGO인 국제위기 감시기구International Crisis Group의 피터 벡Peter Beck 소장 등 국제 인사와, 이근 서울대 교수, 이내영 고려대 교수, 김문수 경기도지사 등. 국내 학계와 정계의 주요인사 열 다섯 분이 참여 하였다. 이 분들 모두, 내가 한 분 한 분 직접 전화하고, 찾아 뵙고 모셨다는 사실이 믿겨지는가?

환영사, 두 번의 주제발표, 한 번의 토론자로 참석한 나는, 그 날 가장 많은 질문과 스포트라이트를 받은 연사가 되었다.

장장 8시간 30분간의 진행, 300여명의 청중이 참가.

스물다섯 살의 한 평범한 청년이 개최한 이 날 행사는, 그 해 전반기 외교가의 최대 화제가 된 것은 물론이고 국내외 주요 언론에 보도되었다. 정말 믿기지 않는 기적 같은 일이었다.

국제관계에 대해 아는 지식이 너무 없어서, 정말 어렵게 참가했었던 국제회의와 세미나들.

나는 그로부터 10개월 후. 참가자가 아닌, 주최자와 연사가 되어 연단에 서있었고, 국제사회를 향하여, 내 생각과 한국 젊은 세대의 생각을 말하고 있었다.

불가능에 대한 도전.

그것은 내가 생각만하고 어떻게 해야 할지 걱정하고 있을 때는, 분명 불가능이었다.

하지만 행동으로 옮기고, 하나씩 실천하여 이루어 나가고 있을 때, 어느새 '가능성에 대한 도전'으로 바뀌고 있었다.

모든 장소,
모든 사람들에게 얻는 배움

'기회란 준비된 사람에게만 온다'고 한다. 나는 이 말에 한 가지를 더 붙여, '기회란 스스로 찾고, 준비된 사람에게만 온다'라고 말하고 싶다.

무엇인가 얻길 원하고, 성취하길 원한다면, 머뭇거리고 망설일 이유가 전혀 없다. '자신의 현실이 이러이러하기 때문에, 아직은 때가 아니다.' 세상에 이 말처럼 답답한 말이 어디 있는가. 조금만 다르게 생각하면 '내 현실이 이러이러하기 때문에, 지금부터 한번 바꿔보자!'라고 할 텐데 말이다.

생각을 조금만 바꾸면, 정말 무수한 기회들이 찾아온다. 너무 많은 기회들 속에 어떤 것을 선택해야 할지 모르는, 그런 행복한 순간이 올 수 있는 것이다.

나 역시 생각을 바꾸고, 열정을 가슴에 품기 시작한 2004년, 그런 수많은 기회들 속에서 하루하루를 두근거리며 보내고 있었다.

이제 아기가 첫 걸음마를 하듯이, 부지런히 여러 행사에 쫓아 다니며 참가하던 중이었다. 하루는 어떤 행사에서 우연히 인사를 나누게 된, 아시아 재단The Asia Foundation의 문천상 부장이 나에게 메일을 보내주셨다. 어떤 행사의 초대장이었다. 그런데 제목을 보고, '다른 사람에게 가야 할 메일이 나한테 잘못 온 건가?' 하는 생각이 들었다.

초대장 제목은 죠지타운대 동창회 초대장Georgetown University alumni club invitation이었다. '나는 죠지타운 대학교를 나오지 않았는데?' 확인하기 위해서 문천상 부장에게 전화를 하였다. 그런데 예상외의 대답이 들렸다. "물론 정훈씨가 죠지타운대를 나온 것은 아니지만, 훌륭한 사람들을 만날 수 있는 좋은 기회니까, 시간이 된다면 참여해 보라"는 것이었다.

이렇게 뜻밖의 행사에 갑자기 초대되어, 무척 흥분되었다. 물론 이 행사가 어떤 의미에서, 어떤 사람들이 참가 하는 행사인지, 정확히 알 수는 없었다. 하지만 분명 내가 경험하지 못한 일을 하는 것이었고, 좋은 사람들을 많이 만날 수 있을 것 같다는 확신에, 흔쾌히 참여하겠다는 대답을 하였다.

6월 4일. 한남동의 그랜드 하얏트 호텔에 떨리는 마음으로 들어섰다. 막상 행사장에 도착하자, 좋은 행사에 대한 기대감 보다는, 자격이 안 되는 곳에 맞지 않게 참여하는 기분 같아서, 조금 불안한 마음이 생겼다. 2층에 있는 행사장에 올라가자, 안내데스크에서 먼저 등록을 해야 했다. 나는 내 이름이 있는지 조심스레 확인을 하였다. 다행히 데스크에 앉은 여성분은 내 이름을 확인하고는 명

찰을 주고, 부드러운 미소로 자리를 안내해주었다. 나 역시 마음이 조금은 안도되고 편안해지기 시작하였다.

같은 테이블에 앉은 분들은 의외로 따뜻한 관심을 보여주셨다. 무사히 행사가 끝나고, 자신감을 회복한 나는 행사장을 활발하게 돌아다니며 정말 많은 분들과 인사를 나누기 시작했다. 몇몇 분들은 나의 활동과 계획에 큰 관심을 보이며, 훌륭한 조언을 해주기도 하였고, 당시 국회 국방위원장이었던 유재건 의원은 나를 국회의 여러 행사에 초대해주겠다고 약속하기도 하셨다.

결과적으로 이 날 행사는 내가 전혀 생각지 못한, 새로운 곳에서도 또 다른 인연을 만들 수 있고, 더 많은 기회를 가질 수 있다는 것을 알게 해준 것이다.

그 이후, 나는 내가 어떠한 새로운 행사에 가게 되더라도, 가급적 많은 사람들과 인사를 나누며 또 다른 새로운 기회를 만들기 위해 노력했다. 나는 그런 상황과, 새롭게 만난 어떤 사람들에게나 내가 배울 것이 충분히 있다고 생각하였다. 그 분들과의 대화 속에서 내가 알지 못하는 여러 지식을 배울 수 있었고, 심지어는 인사를 하고 악수를 나누는 사소한 모습 하나까지도 분명 나에겐 배울 점들이었다.

그런 열정적인 마음 때문이었는지, 어느 순간부터는 매일 이메일을 확인할 때면, 꼭 한두 개의 새로운 행사의 초대장이 있었다.

정말 놀라운 일이었다. 물론 나는 수업과, 집안일을 돕는 상황이 아니라면, 꼭 참석하여 또 다른 인연과 새로운 기회를 만들었다.

나는 그 해 6월부터 11월까지, 정말 많은 행사에 참석하여 수많

〈7막 7장〉의 저자 홍정욱 의원과 함께

은 인연을 만들었다.

　반기문 외교통상부 장관, 미 국무부의 크리스토퍼 힐 차관보, 리언 라포트 미 육군대장, 이홍구 전 국무총리, 태미 오버비Tamy Overby 주한미국상공회의소 수석부회장 등. 언론에서만 접하던 한국과 미국의 고위인사와 외교전문가들을 만나, 나를 소개하고 내 비전에 대해 설명하였다.

　그리고 2004년이 서서히 저물던 11월 5일. 나는 그동안 알게 된 분들과 단체회원들을 위해 한 해를 마무리하는 송년리셉션을 직접 개최하였다.

　그런데 그 날, 놀랍게도 한 해 동안 나와 인사를 나눈 소중한 인연들 대부분이 참석하셨다. 어떤 분은 이 행사에 참석하기 위해, 일부러 미국에서 비행기를 타고 오기도 하였고, 어떤 분은 나를 위해 깜짝 선물을 준비하기도 하였다. 나와 찍은 사진을 액자에 담아

온 분도 있었다. 세상을 살면서 참 믿기지 않는 일들이 가끔 생기는데, 그 날 역시 나에게는 믿기지 않는 순간이었다. 나는 그 분들이 알아두면 좋을 만한 사회지도층이나 고위인사도 아니었고, 돈이 많은 자산가도 아니었다. 그냥 평범한 스물네 살, 한국의 대학생일 뿐이었다.

정말 감동에 벅차올라 눈가에 기쁨의 눈물이 맺히는 순간이었다.

지금 곰곰이 생각해 보면, 그 믿기지 않는 순간들을 설명할 수 있는 유일한 말은, 내가 2004년 내내 가슴에 품고 실천했던, '기회란 스스로 찾고, 준비된 사람에게만 온다'라는 말이 아닐까, 라고 생각한다.

사실 적극적으로 누군가와 인연을 맺고, 기회를 만든다는 것은 분명 쉽지 않고, 망설여지는 일이다. 그 일에 거는 기대가 크면 클수록 더욱 그런 마음이 들게 된다.

하지만 그런 모습으로 인해 당장 크게 얻는 것이 없다고 할지라도, 잃는 것 역시 아무것도 없고, 절대 실망할 필요도 없는 것이다.

그 도전 자체가 벌써 하나의 큰 기회를 만든 것이기 때문이다.

나는 새로운 기회를 구할 때마다 생각했다.

'이루고자 하는 마음이 열망이라면 도전은 기회가 될 것이고, 또 그 마음이 갈망이라면 기회는 반드시 기적이 될 수 있다는 것을.'

요즘 세계경제는 어떤가요?

:

나는 조금씩 국제관계에 대해 공부하고, 배워 나갈수록 또 하나 중요하게 느끼는 점이 있었다. 그것은 정치와 외교문제에 있어, 경제적인 부분들의 비중이 무척 크게 작용한다는 점이었다. 특히 세계경제의 변화와 흐름을 공부하는 것은 국제상황에 대해 좀 더 폭넓은 안목을 갖게 해줄 것이라고 생각하였다.

그래서 많은 분들에게 경제에 관한 조언을 구하고 있을 때, 새로운 정보를 알게 되었다.

아는 분의 소개로 암참AMCHAM(주한미국상공회의소)이라는 단체를 알게 되었는데, 홈페이지의 소개와 공개된 정보만 보더라도 한국에 적지 않은 영향력을 미치는 외국계 경제단체 같았다. 정확하게 설명하면 한국에 있는 1000여개의 다국적기업(주로 미국계)이 모여, 정보를 공유하고 이익을 대변하는 경제 단체였다.

대외무역에 많은 경제력을 의존하는 한국의 경우, 외국계 거대

경제단체가 주는 영향력은 분명 적지 않을 것이고, 거기에 따른 장, 단점이 상호 작용할 것이라고 생각 되었다. 그런 점들은 나에게 다양하고 전체적인 경제 상황을 알 수 있는 좋은 조건이었다.

그리고 만약, 이 단체의 여러 행사에 참여하고, 좋은 정보를 얻게 된다면, 밖에서 보는 한국경제뿐 아니라, 세계적인 경제 흐름도 배울 수 있을 것 같았다.

나는 그 단체의 누구를 만날 지, 또는 만나는 것이 가능한지 등, 아직 아무것도 모르는 상태였지만, 또 하나의 기회를 만들 수 있다는 사실 자체에 벌써 두근거리고 있었다.

며칠 동안 홈페이지나, 관련된 잡지 등을 통해 내가 알 수 있는 여러 정보를 잘 정리한 뒤, 주한미국상공회의소에 침착하게 전화하였다. 통화내용은, 내가 만든 단체와 나에 대한 소개, 그리고 실질적인 CEO였던 태미 오버비 수석부회장을 만나고 싶다는 내용이었다. 물론 만나고 싶은 이유도 자세히 설명하였다.

통화 후, 메일로 공문을 보냈고, 며칠을 기다리자 만날 날짜를 정하자는 답장이 왔다.

나는 미팅을 준비하기 위해, 그동안 궁금했던 모든 내용들을 꼼꼼히 준비하였다. 질문할 내용과, 수석부회장은 어떤 사람인지, 그 분이 여러 언론인터뷰에서 어떤 이야기를 했는지 등. 많은 자료들을 온라인상에서 찾아서 하나씩 정리 하였다. 그리고 내가 할 말들과, 또 나에게 올 수 있는 질문들에 대한 답변도 준비하였다.

6월 29일. 주한미국상공회의소에 전화를 한지, 정확히 일주일 만에 미팅을 할 수 있었다. 첫 미팅은 삼성동 무역센터에 있는 주한미국상공회의소 사무실에서 가지게 되었다.

태미 오버비 수석부회장의 첫 느낌은, 미국인이라는 사실이 믿기지 않을 정도로, 한국 문화와 정치, 경제, 사회현상 등 한국사회 전반에 대해 무척 폭넓은 이해를 가진 분 같았다. 나의 더듬거리는 영어 때문에, 조금 더디게 대화를 나누긴 했지만, 한 시간 가까이의 대화시간이 무척 짧게 느껴질 정도로, 그동안 궁금했던 글로벌 경제흐름과 상황에 대한 깊이 있는 이야기를 들을 수 있었다.

그렇게 흥미로운 대화가 끝날 무렵, 수석부회장은 나의 계획과 활동들이 무척 인상 깊다면서 뜻밖의 제안을 하셨다. 주한미국상공회의소에 특별회원으로 여러 행사에 적극적으로 참여해 보라는 것이었다.

다양한 글로벌경제행사와 여러 위원회모임을 진행하는 암참 회원자격은 나에게 그야말로 살아있는 최고의 배움을 주는 정말 좋은 기회였다.

하지만 나는 정말 감사한 제안임에도 불구하고, 아쉽게도 고액의 회비를 낼만한 상황이 안 된다는 점을 설명하였다. 그리고 당시 암참은 대학생 회원이 없었고, 대부분 기업을 운영하거나, 경제 분야에 일하는 CEO와 경제인들의 단체였기 때문에 회원으로서의 자격 조건도 걱정되었다.

그렇지만 얼마 후, 나는 그런 우려들과는 달리, 주한미국상공회의소의 특별회원 자격으로, 다양한 회원 정규 미팅general meeting과 행사에 참여하고 있었다. 물론 고액의 회비도 일정기간 무료로 한 특별혜택까지 받고 말이다. 그리고 암참에서 발행하는 글로벌경제

소식지까지 지속적으로 받을 수 있게 되었다.

'두드리라, 그러면 열릴 것이다' 이 말이 정말 와 닿는 순간이었다.

덕분에 나는 정치, 외교 분야에 이어, 글로벌 경제 분야까지 조금씩 배워나감으로써, 더 다양한 시각에서 내 꿈과 비전을 향한 활동을 계획해 나가게 되었다.

암참회원으로 여러 활동을 하며, 글로벌경제에 대한 안목을 넓히게 되자, 나는 실질적 활동으로 채워지기 힘든, 지식적인 부분을 좀 더 공부하고 싶어졌다.

그래서 다시 여러 방법을 찾게 되었는데, 그동안 만나 뵈었던 사람들을 찾아가서 조언을 구하기도 하고, 온라인상에서 관련된 단체를 찾아보기도 하였다. 또 회원으로 가입된 단체들에 전화하여 이러한 취지를 설명하고 물어보기도 하였다.

그런 노력 끝에 '세계경제연구원'이라는 연구단체를 또 알게 되었다. 마치 힘든 퍼즐을 하나씩 맞추듯이 기회를 하나씩 만들어 나가는 내 모습에서, '나'라는 사람도 다시 새롭게 알아가는 느낌이었다.

세계경제연구원은 말 그대로 글로벌 경제에 대해 연구하는 곳으로, 당시 세계경제와 관련된 가장 많은 강연회와 세미나를 개최하는 곳이었다. 그리고 홈페이지에 들어가서 보니, IMF특별고문과 재무장관을 지낸 사공일 전 장관(현 한국무역협회 회장, G20준비위원회 위원장)께서 이사장을 맡고 계신 경제연구원이었다.

나는 연구원 소개 글을 읽다가, 이전에 참가했었던 국제관계 행사에서 사공일 이사장님을 몇 번 뵈었던 것이 기억이 났다. 그래서 혹시 하는 마음에, 그 때 행사를 주최한 단체 관계자 분께 전화를 걸었는데, 예상대로 사공일 이사장이 회원으로 참여하고 있다는 것이었다. 기쁜 마음으로 수화기를 내렸고, 나 역시 이 단체의 회원이었기 때문에, 다음 행사에는 꼭 뵙고, 자연스럽게 인사를 드리자는 생각을 하였다. 며칠 뒤, 2주 후에 새로운 행사가 있다는 메일을 받고, 그 때부터 사공일 전 장관이 저술한 책들과 신문에 기고한 칼럼들을 전부 찾아 읽기 시작하였다.

그렇게 행사 당일이 되었고, 기대했던 대로 사공일 전 장관께 인사를 드릴 수 있었다.

인사 후에, 장관께서 저술하고 기고한 여러 글들에 대한 질문을 하자, 나에게 무척 큰 관심을 보이셨다. 나는 내 명함을 드리며, 내가 만든 한국대학생 정치외교연구회에 대한 소개를 하였다. 그리고 며칠 후, 내 메일함에 놀라운 메일이 와 있었다. 세계경제연구원의 회원 강연회 초대장이었다. 회원으로 초대해 달라는 말씀을 드리지는 않았지만, 먼저 초청을 해 주신 것이었다.

세계경제연구원의 회원 강연회는 매달 세계적인 경제학의 대가들을 초대하여서 회원들에게만 강연을 제공하고 있었다.

나는 연구원의 거의 유일한 젊은 회원으로 참가하였고, 이 후 월스트리트Wall Street의 경기 진단 대가인 앨런 사이나이Allen Sinai박사를 비롯한, 독일의 '5현자(賢者)'로 널리 알려진 유르겐 돈게스Jurgen B. Donges 박사, 앤 크루거Anne Krueger 전 IMF수석 부총재 등 수많은 실물경제 대가들의 이야기를 생생하게 바로 앞에서 직접 들을 수 있게 되었다.

나는 시간이 지나면서 내가 부족한 부분들이 무엇인지 점차 하나씩 알게 되었고, 또 어떻게 그 부분들을 채워야 할지 끊임없이 연구하고 방법을 찾아나갔다.

세계경제에 대해 배우고자 했던 나의 생각 역시, 결국 나에게 더욱 많은 생각과 기회를 가지게 해주었다. 물론 단순히 생각에만 머물렀다면, 수많은 활동과, 배우고자 했던 여러 노력들은 더 이상 진전하지 못했을 것이다.

신기한 것은, 내가 어떤 일을 계획하고 진행하고자 할 때, 그것을 계속 직접 부딪히고 실천하다 보니까 어떻게 하면 일을 좀 더 잘 진행할 수 있는지, 그 방법을 점점 자연스럽게 터득하게 된다는 것이었다. 어쩌면 당연한 말 같지만, 이 말은 직접 작은 것이라도 스스로 성취해보고자 노력한 사람만이 정말 이해할 수 있을 것 같다.

국민들에게 큰 존경을 받는 기업인인 고 정주영 회장님이 평소에 입버릇처럼 달고 말씀하셨던 말이 있다. "해봤어? 지금 해보고 말하는 거야?", 정말 이 말이 정답이 아닐까?

무엇을 얻고 싶고, 무엇을 배우고 싶다면, 그 것을 단지 책 속 지식과 머리로만 이해하려 하면 안 된다. 자신이 할 수 있는 범위 내에서 방법을 찾아, 좀 더 구체적인 결과를 얻을 수 있도록 실천을 해야 하는 것이다.

직접 손으로 만지고, 온 몸으로 느낄 수 있는 실천.

모두에게 해당되는 정확한 답은 아닐지라도, 나에게 가장 많은 것을 알게 해 준, 그리고 얻게 해 준 훌륭한 교훈이었다.

비전을 향한 절실함

2004년 9월 21일 밤. 초가을 바람이 꽤 차갑게 불고 있었다.

나는 낡은 정장이 든 가방과 서류가방을 양쪽 손에 들고 허겁지겁 조치원역 열차 플랫폼으로 뛰어갔다. 플랫폼에 걸린 시계는 밤 11시를 조금 넘기고 있었다.

서울로 가는 마지막 기차가 11시 10분이었기 때문에, 놓치면 안 된다는 생각에 서두를 수밖에 없었다.

1시간 30분 후. 영등포역에 도착하였고, 나는 영등포역에서 이태원역까지 가는 시간을 한 번 계산해보고는, 조금 두리번거리다가 역 한쪽 구석의 긴 벤치에 가서 앉았다.

초가을이었지만, 역 안의 새벽공기는 무척 추웠다. 공기보다도 더 차가웠던 것은, 역 안 바닥에서 잠을 청하는 노숙하는 분들의 빈번한 싸움 때문이었다. 조금 겁났지만 처음 겪는 경험은 아니었기 때문에, 나는 그 분들 사이에 5시간 동안 앉아서, 조용히 아침이 되길 기다렸다.

　밤새 추위와 뜬눈으로 지친 탓에, 아침에는 약간의 감기기운까지 생겼다. 다시 지하철 첫차를 타고, 이태원역에 도착해서, 행사 장소인 하얏트 호텔까지 천천히 걸어 올라갔다. 하얏트 호텔은 대중교통편이 별로 없었고, 택시 타기에는 돈이 아까웠기 때문에, 호텔이 있는 산 정상까지 걸어가야 했다.

　나는 이 날 아침 7시에 하얏트 호텔에서 열리는 크리스토퍼 힐 신임 주한미국대사 초청 조찬 강연회에 참가하기로 되어 있었다.

　호텔에 도착해서, 곧장 세수를 하고, 옷도 깨끗한 정장으로 갈아입고, 구두도 손질한 뒤 행사장으로 들어갔다.

　당시 내가 그렇게 비정상적인 방법으로, 힘들게 조찬강연회를 참석했던 데는 몇 가지 이유가 있었다.

　먼저 조찬강연회는 참석할 기회만 생긴다면, 나로서는 반드시 가야 하는 행사였다. 대부분의 조찬행사는 정말 뵙기 힘든 분들을 모셔서, 훌륭한 내용을 들을 수 있는 행사였고, 또 청중으로 참석하는 분들도 인사를 하고 대화를 나누면, 나에게 큰 도움이 되는 분들이었다. 그래서 한참 모든 내용들을 배워야 하는 시기에, 하나라도 중요한 행사는 결코 놓치고 싶지 않았다.

　이렇게 조찬행사를 꼭 참석한다고 마음 먹었을 때, 두 가지 큰 어려움이 있었다.

　하나는 부모님께 내가 이런 활동들을 한다는 걸 말하기 힘든 상태여서, 수업이 있는 주중에 서울 집에서 자고, 행사를 참석한다는 것이 불가능하다는 것이었다.

부모님은 당시 24시간 편의점을 운영하고 계셨고, 나에게 거는 기대가 크셨기 때문에, 전공과 상관없는 일에 관심을 가지고 활동한다는 것을 차마 말씀 드리기 어려웠다.

두 번째 어려운 점은, 그런 상태에서 서울에 올라오면 금전적 절약을 위해, 숙박시설에 자거나, 심지어 PC방 같은 곳에도 들어가지 않았다는 것이다. 당시 부모님께 넉넉히 용돈을 달라고 하며 학교생활을 할 여건이 아니었고, 또 여러 행사에 가급적 많이 참석하고 싶었기 때문에, 최대한 돈을 절약하며 지내야 했다.

결국 나는 이런 이유들 때문에 주중 조찬행사는, 학교에서 최대한 늦게 출발하여 서울 영등포역에서 밤을 새고, 아침 일찍 참가하는 방법을 택할 수밖에 없었다.

힘든 상황에서 참가한 행사들인 만큼, 최대한 많은 분들과 인사하고, 모르는 것들에 대해 질문하며, 대화하기 위해 노력했다. 그리고 그런 노력과, 과정들은 결국 내게 많은 배움과 좋은 결과를 안겨주었다.

반기문 총장과 처음 만나 인사 드린 곳도 조찬행사장이었고, 국제회의 개최를 위해 많은 분들에게 도움을 구하고, 긍정적 답변을 들었던 장소 역시 조찬행사장이었던 것이다.

누구나 마찬가지겠지만, 나는 힘든 과정을 거치면서, 기다려야만 하는 상황과 참을 수밖에 없는 상황들에 대해 더 지독한 '인내심'과 '견고함'을 가져야만 했다. 이런 일들에 대해 누구도 나에게 비판 할 수는 없었다. 내가 가진 비전이 비정상적이라고 말하고, 또 내가 이렇게 현실적이지 못한 행동들을 하는 것을 비난할 수는 있겠지만, 뭔가 꿈을 가지고 도전하고 노력하는 모습 자체는 스스로 너무나 당당한 일이었기 때문이다.

당시 한 가지 희망했던 것은, 먼 훗날 나의 목표와 비전을 이루었을 때, 그 인내심과 견고함이 훌륭한 밑거름과 바탕이 되어 있어 주는 것이었다.

나는 그 염원을 스스로에게 다짐하며, 많은 어려움을 견딜 수 있었던 것 같다.

만약 당신이 지금 "어떤 상황에 정말 절실히 참고, 미쳐보았던 적이 있는가?"라는 질문을 들었을 때, 과감히 "예스"라고 답할 수 있다면, 한 번 더 이 질문을 스스로에게 던져보아야 한다.

"참고, 절실했던 이유가 '당신이 꿈꾸는 비전'을 위한 인내심과 견고함이었는가?"라는 질문이다.

아직도 나는 이 질문을 스스로에게 물을 때면 어김없이, 몇 년 전 영등포역에서 밤을 새던 순간을 떠올린다. 분명 그 이유는 내가 꿈꾸는 비전에 대한 목표의식이었기 때문이었다.

아무것도 명확히 손에 잡히지 않던 시간 속에서 '절실함', '인내' 그리고 '열망'.

이 단어들은 내 '비전'을 향한 가장 확고한 키워드였다.

한국의 미래

내가 처음 꿈을 꾸고 쫓기 시작한 2004년 3월부터, 그 한 해 동안, 나는 정말 셀 수 없을 정도로 많은 강연회와 세미나, 국제행사 등에 참석하였다.

또한 부족한 지식들을 채우기 위해 끊임없이 책들을 읽고, 신문과 뉴스를 보면서 하나씩 배워나갔다.

국제관계에 대해 배울 수 있는 곳이라면, 어느 곳이던 열심히 찾아서 참석하였고, 나에게 좋은 가르침과 조언을 해줄 수 있는 분이라면, 반드시 기회를 만들고 도전해서, 뵙고 대화를 나누었다.

결코 긴 시간이 아닌 그 10개월 만에, 나는 국제정치나 외교와는 아무런 관련이 없던 아주 평범한 대학생에서, 어느덧 외교가에 서 한 번쯤 이름을 들을 수 있는 유명한 '대학생 민간외교관'이 되어 있었다.

정부가 하는 일들 중에서도 가장 전문적이라고 할 수 있는 '외교' 분야에서 과연 이런 일이 가능할 수 있었을까?

나 역시도, 나에게 그런 터질 듯한 열정과, 뜨거운 비전, 그리고 강한 도전정신이 있을 거라고 감히 상상하지 못하였다.

한번 인사를 나눈 많은 분들은, 나를 또 다른 분들에게 인사시켜 주셨고, 내가 계획한 일들과 그동안의 맹활약(?)들에 대해, 여러 곳에 인상적인 소개를 해주셨다.

10개월 동안 인연을 맺은, 수많은 정부 인사와 국제단체관계자 분들, 교수님들, 그리고 세계적인 석학 분들과 매일매일 메일을 주고받으며, 다양한 주제에 대해 질문하고, 답을 들으며 내 지식의 창고를 조금씩 늘려나갔다.

이렇게 열정적인 활동들을 하고 있을 때, 나는 정부나 국제단체에서 주관하는 국제행사와, 외교가의 다양한 행사에 점차 '한국대학생을 대표하는' 자격으로 초대받기 시작하였다.

나에겐 정말 모든 것이 믿기지 않는 꿈같은 일 이었다.

많은 행사에 '한국대학생 대표'로 초대되었고, 그 때마다 진지하고 무거운 마음을 가지고, 가장 보편적인 한국대학생의 생각을 대변하고 말할 수 있도록 최선을 다하였다. 그리고 조심스럽게 한국 젊은 세대가 꿈꾸는 미래한국의 비전을 설명하기도 하였다.

참석했던 수많은 행사 중 가장 기억에 남는 것은 2004년 8월 20일에 초대된 '한미 의회 교류의 밤' 행사였다.

이 행사는 우리 국회가 초청한, 미 의회 주요 인사들의 한국방문에 대한 환영행사였다.

김덕규 국회부의장을 비롯한 유재건 의원, 윤광웅 국방장관 등.

우리 국회와 정부 주요 인사들, 그리고 미국 민주당의 찰스 랭글 Charles Rangel 미 하원세출입위원장 등. 미 의회의 주요 지도자들이 모두 참석하여 최고의 외교행사를 방불케 하였다.

각 테이블에는 많은 외교 관계자들이 참석하였고, 서로가 명함을 교환하며, 인사를 나누고 있었다.

나는 이 날 한국대학생대표로 초대되어, 무척 떨리는 마음으로 행사장에 들어섰다.

자리에 앉기 전, 간단한 음료를 마시며 서로 자유롭게 대화할 수 있는 리셉션 행사가 먼저 열렸는데, '유일하게 어려 보이는' 참석자였던, 나에게 많은 분들이 다가와서 관심을 보였다. 이런 좋은 기회에 나 역시도 적극적으로 여러 분들에게 다가가 다양한 질문을 하며, 내 소개와 인사를 드렸다.

이윽고, 본 행사가 시작되었고, 행사의 주요 주최자 이셨던 유재건 의원이 각 테이블의 주요 참석자들을 소개하기 시작하셨다.

'설마 나까지 소개해 주실까' 라는 생각을 하며, 다른 테이블의 주요 참석자들이 하는 간단한 인사를 듣고 있었다. 곧 내가 앉은 테이블까지 순서가 돌아왔고, 우리 테이블의 주요 참석자들도 소개되어 간단한 인사를 하였다. 다른 테이블로 넘어가려는 순간, 의원은 나를 한 번 보시더니, 뜻밖의 말씀을 이어갔다.

"오늘 이 자리는 서로의 우정과, 한미양국의 미래에 대해 이야기하는 자리입니다. 그런데 마침 '한국의 미래'라고 부를 수 있는 한 분의 참석자가 있습니다. 오늘 이 자리에 대학생 대표로 참석한 김정훈 씨입니다. 격려의 박수 부탁 드립니다."

참석자들의 박수소리에 당황하며 일어선 나는 놀란 마음으로 간단한 인사를 하였다.

행사가 끝나고, 미 의회 의원들을 비롯해 많은 참석자들이 나에게 질문을 하며, 정말 큰 관심을 보이셨다. 나는 진지하고 조심스런 마음으로, 한국의 미래비전에 대해 내가 생각하고 있는 내용들을 설명할 수 있었다. 스스로에게도 그랬고, 또 한국의 수백만 대학생들이 바라는 미래 비전을 설명한다는 것이 무척 감격스러웠다.

행사장을 나올 때쯤, 나에게 국회의원 한 분이 다가오시며 말씀하셨다.

"아까 전에 김정훈 씨가 설명한 미래비전에 관한 이야기. 무척 인상적입니다. 개인적으로는 꼭 미래 한국의 한 축을 이끄는 리더가 되주길 희망하겠습니다."

나는 감사하다는 인사를 드렸지만, 그 순간 정말 가슴이 뜨겁게 두근거리며 뭉클하는 것을 느낄 수 있었다. 미래 한국의 한 축을 이끈다는 것은, 꿈을 향해 나가고 있는 스스로에게도 감히 물어볼 수 없는 말이었다.

하지만 그 말은 분명 나에게 큰 자극과 희망이 되는 말이었고, 비전을 향해 나가기 위한 더 큰 에너지와 힘이 되는 말이었다.

나는 그 해 내내 스스로에게 꿈을 이야기 하였고, 희망을 이야기 하였다. 또한 스스로에게 도전과 열정을 이야기하였고, 뭐든 할 수 있다는 긍정적 자신감을 이야기 하였다.

어떤 어려움 속에서도 참고 견딜 수 있는 인내심을 이야기하였고, 기회를 얻기 위해서 무엇을 어떻게 준비해야 하는 지를 이야기

하였다.

모르는 것을 배우기 위해서, 꼭 만나야 할 분을 뵙기 위해서, 그리고 이루고자 하는 목적을 이루기 위해서….

정말 수없이 많은 고민과 생각을 하였다.

하지만 그 중에서도 정말 중요하게 느낀 하나는,

내가 가진 그 많은 생각들과 꿈, 희망들을 이루기 위해서는, 결국은 반드시 단 한 번의 행동과, 단 한 번의 실천이 필요하다는 것이었다. 움직이기 전에는 '생각'이었던 것이, 움직인 후에는 '희망'이 될 수 있다는 것이다.

스물네 살. 나에게는 정말 소중한 한 해였고, 매 순간이 살아 숨쉬는 소중한 순간이었다.

만약 어제 밤에 보았던 하늘의 별이, 오늘 밤에는 구름에 가려 보이지 않는다고 하여, 그것을 아쉬워하거나 슬퍼할 필요는 절대 없다. 왜냐하면, 그 별은 여전히 그 자리에서 빛나고 있을 것이고, 또 다시 내일 밤이 되면 빛나는 모습으로 아름답게 나타날 것이기 때문이다.

매일매일 숨 쉬고 있는 공기가, 나와 여러분의 '희망'이라고 한다면. 그 하늘의 반짝이는 별은, 결코 떨어지거나 사라지지 않는 빛나는 '비전'일 것이다.

반기문 총장의 약속

어느 순간부터, 나와 관련된 기사가 언론에 하나씩 보도되면서, 또는 내 홈페이지를 찾는 많은 사람들로부터 자주 받게 되는 질문이 몇 가지 생겼다.

그 중 가장 많이 받는 질문은 "혹시 롤모델이나 멘토가 있다면 소개해 달라"는 질문이다.

질문하는 대부분의 사람들은, 내가 그동안 만난 많은 세계적 리더들 중 한 분일거라고 생각하는 것 같다.

그러나 나는 그럴 때 마다 조금 의외의 대답을 한다.

'저에게 있어 최고의 롤모델과 멘토는 스스로 상상하는 미래의 제 모습 입니다.'

듣는 이에 따라서는 겸손하지 못하다고 생각할 수도 있지만, 사실 어떤 멘토와 역할모델을 정하고 그 분의 모습을 너무 닮아가려고 노력하는 것은, 자칫 위험할 수도 있다. 분명 나와 그 역할모델의 환경이나 생각, 미래목표가 모두 비슷하거나 일치할 수는 없기 때문이다.

　반면에 비전에 조금 더 가까워져 있을 '미래의 나'를 상상하는 일만큼은, 스스로에 대한 끊임없는 기대와 노력을 요구하기 때문에, 최고의 동기부여를 줄 수 있다고 생각한다.

　멘토와 롤모델을 '미래의 꿈에 가까워진 나'로 설정했다면, 그 다음에는 그 꿈을 향해 나가는 길과 방법을 스스로 찾고 노력해야 한다.

　그 과정에서 꼭 필요한 일은, 그 노력을 도와주고, 응원해주고 방법을 알려 줄 '훌륭한 스승'을 반드시 만나야 한다는 것이다. 전체적인 스케치와 그림은 자신이 하나씩 그려나가더라도, 처음부터 알 수 없는 여러 재료들의 사용법과, 다양한 화법은 누군가 도와줘야 하기 때문이다. 그리고 그렇게 다양한 방법을 가르쳐 줄 여러분의 스승을 만날 수 있다면 더할 나위 없을 것이다.

　나 역시도 비전을 꿈꾸고 그려나가고 있을 때, 많은 영감과 뜻있는 조언을 해주시는 인생의 훌륭한 스승들을 여러 분 뵐 수 있었다.

　내가 인생의 스승들께 배운 것 중, 가장 큰 의미가 있는 것은 '긍정적 말의 힘'이었다.

　'긍정적 말의 힘'은 나를 움직이는 '에너지'와 같은 것이었다.

　세계적 베스트셀러 작가이자, 경영컨설턴트인 켄 블랜차드 Kenneth Blanchard는 《칭찬은 고래도 춤추게 한다, 21세기북스》라는 책에서 '칭찬'과 '축하', '격려' 등. '긍정적인 말'에 대하여 아주 자세히 설명하고 있다.

상대방이 좀 더 잘 되기를 바라는 마음. 어려움을 이기고 앞으로 더 성장해 나가길 바라는 마음. 그리고 하는 일에 용기를 가지라고 응원해 주는 마음.

　　누군가에게 이러한 '긍정적인 말'을 해주는 것만큼 좋은 선물이 또 있을까.

　　그러나 대부분 그런 긍정적인 말의 힘이 얼마나 많은 영향력을 미치는지에 대해서는 자세히 알지 못 한다

　　나는 2004년 한 해 동안 많은 행사와 다양한 장소에서, 정말 좋은 인연을 많이 만들 수 있었는데, 만나 뵌 분들 대부분 나에게 여러 방향으로 좋은 자극을 주는 훌륭한 분들이었다.

　　특히 그분들 중에서 '긍정적인 말의 놀라운 힘'을 직접 느끼게 해주신 한 분의 스승이 계신다.

　　2004년 7월 23일. 반기문 외교통상부 장관과의 대담을 하고 이틀 후, 이메일함의 새로운 메일들을 보다가, 놀라운 편지를 보게 되었다. 외교통상부에 다녀온 후, 장관께 초청에 감사 드리는 메일을 썼는데, 바로 다음 날 답장을 보내주셨던 것이다. 답장이 왔다는 사실과 또 이렇게 빨리 왔다는 사실보다는, 그 내용에 더욱 놀라고 말았다.

　　김정훈 회장에게,
　　보내주신 편지 감사히 받아보았습니다.
　　금요일에는 우리 사회의 미래 지도자를 만나 보게 되어 저로서도 무척 기뻤고 즐거웠습니다.

도전력

반기문 총장과 대담할 때

젊은 우리 학생 대표의 생각이 건전하면서 다 같이 우리사회의 밝은 장래를 지향하고 있다는 데에 대하여 마음 든든하게 생각하였습니다.

김정훈회장이 하는 일에 저나 외교부가 열심히 지원하여 드릴 것이며 기회가 되면 더 많은 대화를 나누고 싶습니다.

거듭 감사 드리고 많은 발전을 기원 드립니다.

2004. 7. 25 외교통상부 장관 반 기 문 드림.

장관님을 직접 뵙고 좋은 말씀을 듣게 되어, 내가 너무 감사한 일이었는데, 오히려 본인께서 더 고마웠다고 하시며, 진심 어린 격려와 칭찬의 말까지 함께 써주셨던 것이다.

다른 사람들보다 적어도 몇 십 배는 더 바쁘실 것 같은 장관의 세심한 배려와 진심이 담긴 격려는 나에게 아주 신선한 충격을 주었다.

그런 배려의 마음 자체도 내게 큰 가르침을 주신 것이지만, 무엇보다 아낌없이 해주신 칭찬과 격려는, 꿈을 향해 전진하는 나에게 천군만마를 얻은 것과 같았다.

나는 그 날 이후로 장관께 자주 안부 인사를 드리며, 궁금한 점이나, 말씀 드리고 싶은 소식이 생기면 꼭 메일을 드리게 되었다. 그때마다 늘 나에게 용기를 주는 긍정적인 말로 답해주셨는데, 그런 장관의 칭찬과 격려들은 나를 이전보다 더욱 열심히 적극적으로 움직이게 하는 큰 에너지가 되고 있었다.

이로부터 9개월의 시간이 흐른 후, 2005년 4월 23일. 내가 개최한 첫 번째 국제회의가 성황리에 마무리 된 다음날이었다. 나는 국제회의에 아낌없이 지원해 주신 장관께 감사 편지를 드렸는데, 또 불과 몇 시간 후에 답장이 온 것을 확인하게 되었다.

김정훈 회장에게,

우선 어제 행사가 대단한 성황리에 잘 끝난 것을 축하하고 그간 준비를 위한 노고에 감사합니다.

(중략)

앞으로도 좋은 목적을 가지고 많은 학생 활동을 하여 우리 사회의 지도자로서의 자질 함양에 노력하기 바랍니다.

안부 겸 축하를 하며, 건승을 기원합니다.

2005. 4. 23 반 기 문 드림

장관의 이 편지에도 '축하'와 '격려', '칭찬' 그리고 '미래발전을 위한 주문과 기원'까지 모두 긍정적인 에너지를 주는 말들로 가득했었다.

오랜 준비 끝에 힘든 도전을 한 나에게, '최고의 용기'와 '긍정적 에너지'를 선물해 주신 것이다. 장관의 칭찬은 어느 순간부터는 분명 긍정적인 말 그 이상의 의미를 가지고 있게 되었다.

때때로 나는, 나의 활동이나 여러 소식들을 적어서, 안부편지를 보내기도 했는데, 2005년 대학원에 합격한 직후, 편지를 드렸을 때이다. 대학원에 진학한 것에 대한 장관의 따뜻한 축하는 새로운 배움을 기대하는 나에게 그 어떤 격려보다 큰 힘이었다.

> 보내주신 메일 잘 받아보았습니다.
> 김정훈 학생이 언급한 바와 같이, 저 역시 한. 미 정상회담 결과에 대해서 긍정적으로 평가합니다. 하지만 앞으로도 그 결과를 토대로 많은 일들을 진전시켜나가야 되는 상황임을 감안할 때 조금도 방심하거나 마음을 놓아서는 안 된다는 생각으로 업무에 임해 나가고 있습니다. 이러한 시점에서 학생과 같은 일반인들의 응원이 더욱 필요하다고 생각하니 많이 성원하여 주시기 바랍니다.
>
> (중략)
>
> 또한 금번에 대학원에 진학하신 것을 축하하며, 앞으로도 많은 활동을 기대하겠습니다.
>
> 2005. 6. 13 반 기 문 드림

그 당시 장관은 무척 바쁘신 일정에도 불구하고, 여러 궁금한 현안이 생길 때마다 질문을 하는 나에게 답장을 자세히 보내주시는,

무척 배려심이 많은 분이었다.

그리고 강연요청을 드려도, 거절보다는 가능성을 먼저 답해주시는 긍정적인 분이었다.

>
> 김정훈 학생에게,
>
> 보내주신 메일 잘 받았습니다.
>
> 무엇보다 상반기 한미관계 포럼 행사가 성공적으로 치러진 것에 대해 축하 드립니다. 이번에도 '한국의 리더' 강연회를 계획하시고 우리 외교를 포함, 국가의 장래에 대해 학생들이 고민하는 점에 대해 감사 드립니다.
>
> 4차 6자회담을 통해 북핵문제 해법을 위한 참가국들 간 의견 조율이 어느 정도 이루어졌고, 또 곧 개최될 속개 회담에서 합의점을 도출하기 위해 노력하고 있습니다.
>
> 일정이 바쁘긴 하나, 정치외교를 공부하는 우리 대학생들이 우리 외교를 이해하는 데 도움이 된다면 참석하고자 합니다. 시기 등 구체적인 사항에 대해서는 ○○○ 외무관을 통해 협의하시기 바랍니다.
>
> 언제나 건강하시기 바랍니다.
>
> 2005. 8. 31 반 기 문 드림

이처럼 반기문 장관이 보내주신 편지에서는 언제나, 상대방의 입장에서 먼저 생각해주시는 배려의 마음을 쉽게 읽을 수 있었다.

오늘날 높은 위치에 있는 많은 사람들은 어떤 사람을 대하거나 평가할 때, 그 사람의 위치와 높낮이, 지식과 부의 척도 등에 많은 기준을 두려고 한다. 하지만 그런 기준에서 상대방을 대하게 된다

도전력

면, 상대방을 진심으로 존중하거나, '칭찬. 격려, 축하'와 같은 긍정적인 말을 사용하기에는 분명 한계가 있을 것이다.

반대로 특별한 기준에 구애 받지 않고, 상대방과 얼마나 진심이 통할 수 있느냐에 시선을 맞추게 된다면, 자연스럽게 긍정적인 말들과 배려의 자세로 대화 할 수 있게 되는 것이다.

반기문 장관이 나를 대하셨던 모습처럼 말이다.

비전을 향해 도전 하는 나에게 '배려'와 '긍정이 주는 힘'이 무엇인지 가장 정확하고 구체적으로 가르쳐준 최고의 스승은 단연 반기문 장관이었다.

나에게 주신 긍정의 에너지가 지금까지도 내 삶의 큰 바탕이 되었음은 물론이다. 긍정적 말의 힘은 지속가능하고, 닳지 않고, 충전할 필요도 없는 놀라운 에너지이기 때문이다.

일 년 후, 장관은 전 세계의 평화와 번영을 기여하는 최대 국제기구 UN의 수장이 되셨지만, 나는 여전히 그 분이 어떤 일들을 계획하더라도, 또 세계 어떤 곳에 계시더라도 분명 많은 사람들에게 긍정의 영향을 주는 '훌륭한 스승' 역할을 하실 거라고 생각한다.

부족한 점이 많은 대학생이었던 나에게 진정한 배려와 긍정의 놀라운 힘을 가르쳐 주신, 최고의 스승이 되어주셨던 것처럼 말이다.

빌 클린턴 대통령을 만나다

2005년 2월 24일 저녁,

광장동에 있는 쉐라톤 워커힐 호텔에서는 빌 클린턴Bill Clinton 전 미국 대통령의 자서전 《마이 라이프My Life》의 한국어판 출판을 기념한, 초청강연회가 준비되고 있었다.

나는 이 날 역시 행사에 대학생 대표자격으로 참석하게 되었는데, 그동안 그의 입지전적인 성공 스토리에 무척 깊은 인상을 가지고 있었기 때문에, 대단히 설레고 기쁜 마음이었다.

호텔 앞에 도착하자, 많은 경찰들이 무척 삼엄하게 경비를 서고 있었다. 아마도 주인공인 빌 클린턴 전 미국 대통령뿐 아니라, 한국의 두 전직 대통령인 김영삼, 김대중 전 대통령도 참석 하시기 때문인 것 같았다.

삼엄한 경비를 보니까, 왠지 행사장에 들어가기 전부터 조금 긴장이 되었다.

도전력

하지만 행사장 안은 바깥과는 사뭇 다르게, 무척 밝고 부드러운 분위기였다. 많은 참석자들이 서로 명함을 주고받으며, 반갑게 인사를 나누고 있었고, 어떤 이들은 한쪽 벽에 꽤 많이 진열되어 있는 《마이 라이프》 책을 사서 그 자리에서 읽고 있기도 하였다.

참석자들 대부분은 무심코 봐도 알 수 있는 국내의 대표적인 각계각층의 리더급 인사들이었다.

나에게는 최고의 인연을 만들 수 있는 정말 좋은 기회였다. 자리 선택은 자유롭게 할 수 있었는데, 어떤 자리에 앉을 지 선뜻 결정하기가 쉽지 않았다. 하지만 좋은 기회라는 적극적인 마음으로, 행사도 잘 볼 수 있고 같은 테이블의 손님들도 쉽게 인사하기 힘든 분들이 앉은, 연단 앞쪽의 VIP 테이블 근처에 앉기로 하였다.

자리에 앉으면서, 같은 테이블의 참석자들에게 정중히 인사를 건네고 명함을 드렸다. 행사 참석자들 중에서 유일한 젊은 사람이어서 그런지, 나에게 관심을 보이며 여러 질문을 하였다. 그렇게 많은 대화를 한 덕분에, 처음 입장할 때 가진 긴장감이 거의 사라지게 되었다.

재미있는 것은, 같은 테이블에 앉은 참석자들 대부분이 유명한 분들이었는데, 그 분들도 나와 마찬가지로 빌 클린턴 대통령을 만난다는 사실에 적잖이 들떠 있는 것 같았다. 아마 모두 나처럼 그 분의 드라마틱한 성공 스토리에 무척 인상 깊은 듯 보였다(물론 우리가 흔히 클린턴의 최대 실수로 꼽는, '스캔들'은 빼고 말이다).

곧 행사가 시작되었고 귀빈들이 입장하기 전, 먼저 클린턴 대통령의 일생에 관한 짧은 영상을 보게 되었다. 《마이 라이프》를 통해 자세히 읽었지만, 영상으로 그리고 여러 생생한 사진들로 보게 되니까 그의 삶이 더욱 생동감 있게 느껴졌다.

특히 그가 고등학교 시절, 당시 미국의 대통령이었던 존 F 케네디를 직접 만나서 악수한 모습은 나에게 무척 감동적으로 다가왔다.

관심분야가 조금 달랐고, 비록 고등학생이 아니라 대학생이었지만, 나 역시도 오늘 한국의 두 전직 대통령과, 클린턴 대통령을 만난다는 사실에 가슴이 뛰고 있었던 것이다.

클린턴 대통령이 고등학교시절 케네디 대통령을 만난 이 후, 정치에 적극적인 관심을 가지게 되어 꿈을 이루게 되었다는 사실은 유명한 일화였다.

영상이 끝나고, 그리스의 대표적 음악가인 야니Yanni의 역동적인 곡 '산토리니Santorini'가 행사장을 가득 울리기 시작하였다. 그 음악에 맞춘 듯이, 힘찬 걸음으로 몇몇 경호원들이 먼저 걸어 나왔다.

이윽고, 빛나는 은발머리에 굉장히 키가 큰 중년 신사가 손을 흔들며 서서히 연단으로 올라오셨다. 수많은 언론을 통해서만 보았던 미국의 42대 대통령, '빌 클린턴'이었다.

빌 클린턴 대통령이 연단 자리에 앉으실 때쯤, 한국의 두 분 전직 대통령도 연단에 오르셨다. 참석자들 모두는 누가 먼저 할 것 없이 기립박수로, 한 때 국가의 정상이셨던, 세 분의 전직대통령을 뜨겁게 맞이하였다.

한국에서 문민정부와 국민의 정부 시절, 미국에서는 8년간 클린턴 정부였기 때문에 세 분의 대통령은 모두 현직에 있을 때, 많은 문제들을 같이 상의하던, 각별한 사이였다고 한다. 그래서 오늘 저

도전력

년 클린턴 대통령 강연행사에, 한국의 두 전직 대통령도 축사자로 오게 된 것이다.

먼저 김영삼, 김대중 전 대통령이 축사를 하시고, 자리에 앉을 때, 클린턴 대통령도 일어나서 두 분께 감사를 표했다. 외국 분인데도 어른들께 공경하는 동양의 예절을 정확히 이해하는 것 같았다. 내심 속으로 조금 감탄하고 있을 때, 클린턴 대통령이 연단에 서서 마이크를 잡았다.

약 10분간의 그의 연설은 온통 '감사'와 '도와주자'라는 말로 가득했다. 연설의 전반부는 자신에게 축하를 해 준 많은 분들과, 그동안 자신을 지켜봐 준 많은 분들에게 정말 감사한다는 내용이었고, 나머지 후반부는 기아와 재해, 전쟁에 지친 어렵고 힘든 전 세계 수많은 사람들에게 따뜻한 손을 내밀자라는 내용이었다.

짧은 연설이었지만, 그가 왜 미국 국민들이 역대 대통령 중, 가장 좋아하는 대통령 순위에 오를 수 있었는지 명확히 보여주는 순간이었다. 정말 감동적인 연설이었다.

세 분의 대통령이 서로 손을 맞잡는 것으로, 감동적인 순서가 모두 막을 내렸다.

행사가 끝나고, 그 날 책을 가져 온 참석자들에 한해 간단한 저자 사인회가 바로 이어졌다. 많은 참석자들은 기쁜 모습으로 책을 들고, 클린턴 대통령에게 가서 저자 사인을 받았다. 하지만 나는 정말 아쉽게도 구입한 책이 집에 있어서, 대통령에게 다가서 인사할 기회조차 가지지 못하였다.

그의 책을 밤새 읽으면서, 혹시 만나게 되면 꼭 여쭤봐야겠다고 생각한 질문이 한 가지 있었는데, 정작 이렇게 만나는 기회가 왔는데도 불구하고, 어떻게 할 수 없었던 것이다.

멀리서 구경만 하는 동안, 저자 사인회도 모두 끝나고, 클린턴 대통령은 행사장 옆문을 통해 퇴장하려고 하셨다. 대통령이 입구로 나가실 때쯤, 한국기업의 회장 한 분이 대통령에게 다가가 인사를 하였다. 두 분은 아주 잘 아는 사이인 듯, 짧은 순간 서로 반갑게 인사를 나누고 계셨는데, 마침 그 회장은 나 역시 이전 행사에서 몇 번 인사 드린 적이 있는 분이었다.

나도 모르게 갑자기 용기가 생겨, 대통령과 대화하는 회장에게 다가갔다. 경호원들이 제지하려고 하자, 회장께서 그 장면을 보시고, 나를 알아보시더니 자신이 아는 사람이라며, 오히려 나에게 대화하는 데 오라고 손짓하셨다.

정말 진심으로 간절히 원하면 기적이 생기는가 보다. 나는 회장의 소개로, 그렇게 만나고 싶었던 빌 클린턴 대통령께 정식으로 인사드릴 수 있었다. 정말 드라마의 멋진 한 장면 같은 순간이었.

빌 클린턴 전 대통령께 정중히 인사 드리고, 많은 업적들과 자서전에 대해 깊은 영감을 받았다고 말씀 드렸다. 그리고 그토록 묻고 싶었던 한 가지 질문을 여쭤보았다.

"뵙게 되어 정말 영광입니다. 저는 국제문제와 여러 정치적 내용에 관심이 많은 학생입니다. 대학생인 지금 나이에서 어떤 일들을 해서, 제 꿈을 구체화 시킬 수 있을까요?"

클린턴 대통령은 부드럽게 웃으시며 대답하셨다.

"훌륭하군요. 그 시기에 그런 문제에 관심을 가지기가 쉽지 않은

데요. 저는 선거캠페인 참여가 큰 도움이 되었습니다. 어떤 선거캠페인이던지, 직접 한번 참여해보면 모든 문제에 대해 폭넓게 이해할 수 있을 겁니다. 열심히 해서 꼭 꿈을 이루길 바랍니다."

그렇게 오랫동안 고민하던 문제가 단 한 번에 해결될 것 같은 느낌이었다. 클린턴 대통령이 케네디 대통령을 만난 후, 그의 삶에 큰 변화가 생겼듯이, 나 역시 그 순간 클린턴 대통령과의 만남은 앞으로의 내 삶에 중요한 변화를 줄거란 확신이 들었다.

다시 회장과 대통령, 두 분께 정중히 인사를 드렸고, 그렇게 빌 클린턴 대통령과의 첫 번째 만남은 끝났다.

하지만 내가 그 날 대통령께 들은 대답은 결코 짧은 내용이 아니었다. 오랫동안 내 마음속에 아주 뚜렷한 흔적을 남긴 대답이었고, 2년 뒤 내가 실제로 17대 대통령 선거캠프의 중심부에 참여하여, 하나씩 배울 수 있게 된 '동기이자 출발선' 이었다.

살아가면서, 자신에게 잘 맞는 현명한 삶의 방법을 배우거나 찾는 일은 결코 쉽지 않다고 생각한다. 더욱이 자신이 추구하는 '비전' 과 '꿈'을 이루는 방법을 찾는 일은, 정말 많은 시간과 노력이 요구되는 것이다.

나는 그 힘든 과정을 훌륭한 스승들의 황금 같은 조언으로, 좀 더 빠르고 명확하게 배울 수 있었다.

반기문 장관께 긍정적 말과 남을 배려할 수 있는 방법을 배웠다면, 빌 클린턴 대통령께는 꿈을 이루기 위한 구체적인 방법을 배울 수 있었던 것이다.

어떤 사람은 내가 너무 운이 좋아서, 그동안 좋은 분들을 많이 만난 거라고 했지만, 나는 매 순간 그 누구보다도 치열하게 살았고, 언제나 땀으로 가득 채운 노력의 시간들을 보냈다고 감히 말하고 싶다.

그래서 그 분들을 만났던 건, 단순한 행운이 아닌, 나의 노력과 끝없는 질문들에 대해 내 삶이 스스로에게 주는 성찰이고 대답이었다고 생각한다.

다만 내게 행운이 주어졌다면 그 대답과 가르침을, 존경하는 세계적 리더들께 직접 배우고 들을 수 있었다는 것이다.

나는 얼마 전 클린턴 대통령께, 그 날 내 질문에 대한 대통령님의 대답이 내 삶에 중요한 순간이었고, 훗날 대답해주신 그 내용을 구체적으로 실천하여 많은 걸 배울 수 있었다고, 감사의 편지를 써서 보냈다.

그리고 편지를 쓰면서, 클린턴 대통령이 어떤 연설장에서 하신 말씀을 다시 한 번 기억하게 되었다.

그 말씀 역시 내가 스스로에게 물었던 질문에 대한 훌륭한 대답이었다.

'Let us all take more responsibility, not only for ourselves and our families but for our communities and our country!'

(우리는 우리 자신과 가족 뿐 아니라, 사회와 국가를 위해서도 좀 더 적극적인 역할을 해야 합니다!)

도전력

내가 만난 세계적 리더들,
그들이 만난 놀라운 청년

겸손함을 가르쳐준 앙헬 구리아 OECD 사무총장

2005년과 2006년 나는 좀 더 적극적인 여러 활동들을 하며, 이전 보다 더욱 많은 세계적 리더들을 직접 뵐 수 있었다. 어떤 분과는 지속적인 여러 차례 만남을 가지며 지금도 연락 드리는 분이 있는가 하면, 어떤 분께는 단 한 번의 짧은 만남이었어도, 깊은 인상과 지혜를 얻을 수 있었다.

그런 짧은 만남에서 얻은 지혜와 배움 역시, 나에게는 매우 소중한 성장양식이 되었다.

2006년 9월 21일, 나는 세계경제와 무역에 가장 많은 영향을 미치는 국제기구인 OECD(경제협력개발기구)의 앙헬 구리아Jose Angel Gurria Trevino 사무총장을 직접 뵙게 되었다.

앙헬 구리아 사무총장은 한국이 OECD 가입 10주년을 기념하기 위해 개최하는, 'OECD가입 10주년 기념 컨퍼런스'를 참석하기 위해 공식방한 중이었다. 21일 아침. 내가 회원으로 있는 단체의 초청강연회가 있었는데, 세계 최대 경제기구 수장의 강연을 직접 들을 수 있다는 사실에, 무척 설레였기 때문에 이른 새벽부터 서둘러 외출 준비를 하였다.

회원만을 초대한 자리였는데, 조찬 강연장은 생각보다 크지 않았다. 그래서인지 회원참석자들과, 여러 취재기자들만으로도 자리가 가득 차 보였다.

세계경제가 직면한 여러 위험과, 자원 환경에 대한 주제로 강연이 곧 시작되었고, 모두 진지하게 사무총장님의 이야기에 경청하였다.

사실 나는 완전히 영어로 듣는 것은 한계가 있어서, 동시 통역기를 이용하여 듣게 되었는데, 그럼에도 불구하고 그가 얼마나 세계 경제에 대하여 현실적인 우려와 지적들을 하는지 느낄 수 있었다.

인상적인 그 분의 강연을 듣고, 자리에서 일어서려 할 때, 신기한 모습이 눈에 들어왔다.

사무총장은 강연이 끝나고, 다른 사람 도움 없이 노트북과 가방을 챙기고 있었는데, 자신이 직접 양손에 노트북과 가방을 들고 행사장을 나가는 것이었다.

OECD처럼 세계적으로 큰 국제기구 수장은, 보통 방문국가에서 '총리급' 의전을 받기도 하기 때문에, 앙헬 구리아 사무총장이 직접 자신의 가방과 노트북을 챙기는 모습은 무척 생소해 보일 수밖에 없었다.

행사장을 나선 사무총장은 로비를 향해 걸어갔는데 로비에 이르자, 가는 방향을 조금 헷갈려 하시는 듯한, 모습을 보였다. 그래서 나는 사무총장에게 다가가, 방금 전 강연을 들은 참석자라고 인사드리며, 길의 방향에 대해 자세히 설명을 드렸다.

그런 후에, 조금 전 짐을 직접 챙기신 생소한 모습에 대한 질문을 드렸는데, 그 분이 한 짧은 대답은 20분간의 아침 강연보다, 나에게는 훨씬 더 인상적이었다.

'제가 들 수 있는 개인적인 짐들은 늘 제가 직접 챙깁니다. 이런 개인적인 것들도 모두 제 일이고, 공적이나 사적이나 제가 하는 모든 일에 충실하게 해야겠지요.'

그 분의 행동하신 모습과 그 짧은 대답은, 국제기구 수장이라는 생각이 전혀 들지 않을 정도로, 매우 겸손 하였고, 나도 모르게 저절로 감탄이 나왔다.

때마침 수행원들이 다가오게 되어, 나는 명함을 드리고 아쉬운 마음으로 인사를 드렸다.

그동안 고위공직자나 경제적으로 높은 위치에 있는 분들을 만나게 되면, 대부분 '겸손함' 과는 조금 거리가 있는 듯한, 느낌을 받았는데, 이 날 앙헬 구리아 OECD 사무총장은 왜 그가 세계에서 가장 큰 경제국제기구의 수장이 되실 수 있었는지를 알게 해주셨다.

앙헬 구리아 사무총장과의 의미 있는 만남은 어떤 높은 위치에 올라가더라도, '겸손함' 만큼 그 사람의 인격과 권위를 잘 나타내주는 품성은 없다는 것을, 다시 한 번 잘 느끼게 해준 계기였다.

경청과 배려를 알려준, 세계적 기업 GE코리아의 강석진 전 회장

1974년 세계적 기업 GE의 전략담당임원으로 스카우트 되어, 81년부터 당시 종업원 10명, 매출액 260억 원에 불과한 GE코리아를 2002년 퇴임할 때까지, 종업원 1500명 매출액 4조 원, 17개사 계열사를 갖춘 대기업으로 성장시킨 신화적인 글로벌 리더가 있다.

그는 전설적인 경영인인 '잭 웰치' 회장이 '내가 은퇴하기 전까지 GE를 떠나지 말아 달라'고 간곡히 부탁 했던 인물이었다. 그리고 잭 웰치 회장은 그를 '르네상스 맨'이라고 불렀다고 한다.

그 분을 설명하는 수많은 수식어들 때문에, 나는 그 분의 사무실 문을 열기 전 긴장된 상태에서 잠시 크게 심호흡을 한 번 내쉬었다.

문이 열리고, 그동안 몇 번 통화를 했던 오세희 비서가 나와서 밝은 표정으로 자리로 안내해줬다. 차를 마시며 잠시 앉아있을 때, 힘차게 회의실 문을 열고 첫 눈에도 활기차 보이는 노신사 한 분이 들어오셨다.

세계적인 기업 GE코리아의 강석진 전 회장과의 첫 만남이었다.

"오래 기다린 것 아니냐"며 미안해하시는 첫 인사와, 강한 악수에서 회장의 배려심과 열정적 에너지가 그대로 느껴졌다.

그 날 나는 3시간에 가까운 시간 동안, 한국 젊은 세대가 미래를 어떻게 열어 나가야 할지 등 다양한 여러 주제로 이야기를 나누었는데 특이한 점은 회장께서 대화시간 동안 주로 내 이야기를 조용히 들어주시는 입장이었다는 것이다.

그리고 내 이야기가 끝나면, 거기에 대한 회장의 생각과 조언을

도전력

함께 말씀해주셨다.

예를 들어, '한국 사회는 너무 젊은 세대와 대학생들에게 많은 것을 요구하고 있다.' 라고 내가 이야기 하면, '그것은 내 경험에 볼 때…. 이러이러하다' 라는 식으로 대답과 조언을 해주셨다.

보통 어떤 분들을 만나면, 그 분들의 말씀을 듣고 난 후에, 내가 주로 질문하는 입장이었는데, 그 날 뵌 강석진 회장은 주로 상대방의 이야기를 먼저 '경청' 하시는 모습 같았다.

어떻게 보면 별로 특이한 점도 아니다 라고 할 수 있지만, 나에게는 그런 회장님의 모습이 무척 신선하게 다가왔다.

생각해보면, 우리는 누군가를 만날 때, 그 만남의 목적을 이루기 위해서 상대방에게 조금이라도 더 많은 내용을 전달하거나, 혹은 더 궁금해 하기 마련이다. 하지만 회장의 경청하시려는 모습은 분명 특별한 대화 방법이었다.

글로벌 경영의 대가이신, 강석진 회장은 또 한 가지 특별한 모습을 지니고 계셨다. 몇 십 년간 글로벌 경영현장 최일선에 계신 분이었는데, 놀랍게도 동시에 우리 예술계에 폭넓은 족적을 남긴 '화가' 로도 활동하셨다는 점이다.

어떻게 동시에 그 일이 가능하셨는지를 여쭤보았다.

"경영과 예술은 큰 공통점이 있어요. 첫째는 열정, 둘째는 창의성, 셋째는 프로정신입니다. 경영도 예술과 마찬가지로, 프로정신을 가지고 창조적 지식경영을 하며 가치창조를 한다는 점에서 많은 부분 일치합니다."

일흔이라는 연세처럼 지식과 삶의 관록이 그대로 묻어난 회장의 말씀은 나에게 깊은 인상을 남겨 주었다. '배려와 경청, 창의적인 예술적 감성' 그리고 '검소함'. 이 날 강석진 회장께 배운 소중한 지혜들이다.

　대화시간이 끝나고, 같이 사무실 빌딩 지하에 있는 떡만두국 집에 자리를 하였다. 여러 이야기를 하는 동안 점심시간을 놓친 것이다. 뜨거운 만둣국을 같이 후루룩 마신 후, 자신의 화집을 나에게 선물해 주시면서, 이렇게 써주셨다.

　'미래의 꿈을 우리의 젊은 세대들에게 전파할 김정훈에게.
　도전정신 + 열정 + 창조적 사고!'

2008. 7. 10. 강 석 진.

실용적인 경영자 웨인 첨리 다임러 크라이슬러 사장

　2006년 11월 14일 밤. 양재동 예술의전당에서는 한 교향악단의 특별한 송년연주회가 열리고 있었다. 훌륭한 첫 번째 연주순서가 끝났고, 많은 참석자들은 즐거운 모습으로 연주회장 밖에서, 연주된 음악과 다양한 관심사 등을 이야기 하며, 담소를 즐겼다.
　그 때 나는 큰 체구를 지니신 중년의 신사 한 분에게 다가가 인사를 드렸는데, 내가 그 해 12월에 개최하는 두 번째 국제회의의 기조연설을 부탁 드리기 위해서였다.
　나의 부탁에 처음에는 조금 난색을 표하셨지만, 연주회에 같이 참석한 한미협회의 이병조 이사까지 거들어주시면서, 결국 참석약속을 하시게 되었다.

그 신사 분은 글로벌 기업인 다임러 크라이슬러사의 아시아 파트를 담당하고, 동시에 주한미국상공회의소의 회장이기도 하셨던 웨인 첨리Wayne R. Chumley 사장이었다.

내가 개최하려는 두 번째 국제회의는 '한미FTA'를 다루는 내용이어서, 한국과 미국을 대표하는 기업가가 기조연설을 해주어야 했고, 그런 면에서 웨인 첨리 사장은 이 행사에 가장 잘 맞는 기조연설자 중 한 분이셨던 것이다.

나는 기쁜 마음으로, 추후 어떤 방법을 통해 자세한 내용을 연락 드리고 협의할 지 여쭤보았고, 사장은 자신의 명함을 주며, 거기에 적힌 이메일이나 전화번호로 연락하라고 하셨다.

그렇게 인사를 드리고 며칠 후, 국제회의와 관련 된 자료를 명함에 적인 메일로 보낸 후, 확인 전화를 하였다. 그런데 이상하게도 처음 전화 받는 사람이 중년남성 목소리인 것이다. 나는 분명 비서실로 전화했기 때문에, 잘못 걸린 전화라고 생각되었는데, 낮은 톤으로 'Hello'라고 인사하는 상대방 목소리는 무척 낯익게 들려왔다.

그래서 혹시 하는 마음에, 웨인 첨리 사장이냐고 물었더니, 본인이 맞다고 하셨다.

비서실의 누군가와 통화할거라고 생각했다가, 사장과 바로 통화하게 되니까 조금 당황스러웠지만, 덕분에 보냈던 메일내용에 대해 더 정확하게 이야기 하고, 여러 사안에 대해 자세히 대화할 수 있었다.

후에 비서실 직원분과 통화하게 되면서 사장이 그렇게 모든 사람들과 직접 통화하시냐고 물었더니, 명함을 직접 준 사람들과는 바로 통화하시기도 하는데, 가끔 전화한 사람들이 순간 당황하기도 한다는 재미있는 이야기를 들려주었다.

거대한 글로벌 기업의 한 파트를 책임지는 CEO가 자신의 명함에, 본인 전화번호와 이메일을 직접 기입하고, 걸려온 전화도 직접 받는 일은 무척 드문 일이라고 생각했다.

하지만 나는 이런 웨인 첨리 사장의 모습에서 유연하고, 실용적인 경영 스타일을 그대로 읽을 수 있었다.

사장은 그로부터 며칠 후, 내가 개최한 두 번째 국제회의에서 아주 훌륭한 기조연설을 맡아주셨다. 그리고 그 행사장에서도 행사 시작 전 원고를 몇 번 보시더니, 연설을 하실 때는 분위기에 맞추어 청중들과 같이 대화하는 듯한, 부드러운 연설로 '유연함과 실용적인 모습'을 아낌없이 보여주셨다.

그것은 틀에 얽매이지 않는 실질적인 모습들이었고, 나는 사장의 그런 모습에서 더 괜찮은 상황을 위해 과감히 시행할 수 있는, '진정한 실용'이 무엇인지 배울 수 있었다.

세계적인 국제기구의 수장으로써, 그리고 거대 글로벌 기업의 CEO로써의 그 분들이 지닌, 생각과 품성들은, 가장 앞자리에서 이끌고, 그 일에 대해 책임지는 훌륭한 리더의 모습이 무엇인지를 그대로 보여주고 있었다.

그러한 생각과 품성들은 분명 오랜 기간 동안의 수많은 연습과,

노력의 결과들이겠지만, 동시에 그것은 보이지 않는 내면의 혹독한 자기관리의 산물이기도 한 것 같았다.

그 분들에게 배운 '겸손함', '경청', '실용 정신'은 나 스스로를 더욱 단련시켜주는 중요한 지혜와 가르침이 되었다.

여유와 인내심. 김형오 국회의장

2006년 4월 5일. 아직 날씨가 조금 쌀쌀한 늦봄이었는데, 나는 정말 온몸에 땀이 날 정도로 뛰고 있었다. 김형오 국회의원과 의원회관에서 약속을 하였는데 무려 40분 가까이 늦은 것이다.

나는 그 때 대학생정치외교연구회에서 후배들이 준비하던 어떤 행사를 도와주기 위해, 각 계의 인사관리 전문가들을 만나 의견을 정리하고 있었다. 당시 김형오 의원은 당의 인재영입 위원장이셨기 때문에, 정치권에서도 필요한 전문가의 의견을 구하려는 가운데, 약속을 하고 뵙게 되었다. 그런데 문제는 내가 이 날 오전에 다른 일을 하다가, 약속시간에 정말 많이 늦게 된 것이었다.

국회정문을 통과한 후에 의원회관까지 정말 쉬지 않고 한숨에 달려갔다. 회관 로비에서 신원확인 절차를 하는 그 잠깐의 시간이, 마치 몇 십 분처럼 길게 느껴졌다.

그동안 정말 많은 행사를 참석하고, 그토록 많은 사람들을 만났지만, 단 한 번도 이렇게 약속시간에 늦은 적이 없었다.

손수건으로 얼굴 땀을 닦고, 정말 죄송한 마음으로 의원사무실로 들어갔다. 미리 연락을 드렸던 보좌관께 먼저 인사를 드렸는데 예상외로, 웃으면서 괜찮다고 하셨다.

의원실 안으로 들어가자, 김형오 의원이 앉아서 신문을 보고 계셨다. 나를 보시고는 환하게 웃으시며, "늦을 수도 있는데, 뭘 이렇게 땀이 나게 급하게 오냐"라는, 예상 밖의 말씀을 하셨다. 그동안 보통 다른 의원들은 만나더라도, 10분 내외의 짧은 이야기를 나누었던 걸 생각하면, 정말 예상치 못한 인사였다.

대화 중에도, 늦은 시간에 너무 구애 받지 말고, 천천히 이야기하라고 하시는 모습에서, 여유와 관용의 마음을 느낄 수 있었다.

의원실에 처음 들어갈 때 정말 급하고 죄송스러웠던 내 마음은, 나중에 인사를 드리고 나올 때는 그렇게 편안하고 여유로울 수가 없었다. 김형오 의원의 '여유'와 '관용'의 마음이 내 마음까지 부드럽게 한 것 같았다.

그 날 만남 이 후로, 훗날 의원과는 다시 한 번 특별한 인연을 맺게 되었는데, 2007년 12월. 나는 17대 대통령직 인수위원회에 최연소 요원으로 참여하였고, 김형오 의원은 인수위원회 부위원장으로 참여하셨기 때문이다.

물론 인수위에서 뵐 때도, 아주 반갑게 인사드릴 수 있었다.

그리고 얼마 후, 의원은 대한민국 삼권분립의 한 축인, 입법부의 최고수장, 국가의전서열 2위인 국회의장으로 취임하셨다.

국회는 어떻게 보면 민주주의의 근본을 표현하는 가장 합리적인 방법으로 의견을 모으는 곳이다. 하지만 흔히 우리 국민들이 볼 때는 가장 다툼과 문제가 많은 곳이기도 하다.

이번 국회 역시 너무나 많은 정쟁과 싸움으로 이미 회복하기 힘들 정도로 민심과 상당히 멀어져 있다. 분명 국회의원들 스스로 국민의 마음을 사는 답을 알고 있다고 생각한다. 작은 정치적 이유들로 민심에서 점점 멀어져 가는 모습을 보면 국민의 한 사람으로써 안타깝게 생각된다.

나뿐 아니라 대다수 국민들은 국회가 가장 국민을 위해 일해야 하는 곳답게, 좀 더 모든 면에서 성숙해지길 바라고 있을 것이다. 정당과 정치적인 이유들 위에 국민들이 있다는 사실을 꼭 기억해 주길 바라면서.

김형오 국회의장이 나에게 보여주셨던 관용과 여유가, 그 분의 임기 동안에는, 꼭 국회 곳곳에 성숙하게 뿌리내려지길 기대해 본다.

공익을 위함이 무엇인지 알려준, 손석희 성신여대 교수

나는 2005년 6월 2일부터 9월 8일까지 3개월 동안, MBC 백분토론의 1기 시민논객으로 고정 출연한 적이 있었다.

처음에는, 여러 민감한 이슈들에 대해 진지하게 배우고, 직접 토론 할 수 있다는 기쁜 마음으로 출연하였지만, 방송이 끝나갈 때쯤은 일부 논객들의 지나친 정치성과 편향적 이념성 때문에 마지못해 출연하는 방송이 되고 있었다. 어떤 주제에도 그렇게 반응하는 모습들은 같이 참여하는 나를 지치게 하였다.

그럼에도 불구하고, 백분토론에 끝까지 출연할 수 있었던 이유는, 진행자인 손석희 성신여대 교수를 매주 직접 만날 수 있어서였다. 각 이슈에 대해 깊이 있는 논리와 중립적인 진행은, 공공의 이익을 추구하는 언론인의 모습이 어떤 것인지 충분히 느끼게 해주었기 때문이다.

물론 개인적으로 교수의 모든 진행이 아주 공정하고 적절했다고 생각지는 않지만, 중립을 지키기 힘든 토론과정을 매우 날카롭고 훌륭히 이끄시는 모습은 상당히 인상적이었다.

또 한 가지 그분에게 배울 점은 3개월 동안, 손석희 교수의 여러 모습을 가까이서 보며, 언론의 역할과 중요성에 대해 생각할 수 있는 계기를 만들었다는 것이다.

하지만 나는 그 3개월 동안, 수없이 많은 기회에도 불구하고 교수에게 직접 여러 가지 질문을 하거나, 다른 출연자들처럼 자주 인사 드리지는 않았다.

나는 법을 집행하고 판결하는 검사와 판사처럼, 언론인 역시 그 누구보다 중립적이고 철저히 공공성을 지켜야 한다고 생각하였고, 손석희 교수 역시 바로 옆에서 지켜 본 언론인의 모습에 내 개인적 판단을 포함하고 싶지 않다는 생각이었다.

그렇게 나는 개인적인 인사 한 번 드리지 않았고, 백분토론 출연 기간이 끝나게 되었다.

한참의 시간이 흐른 뒤, 2006년 늦봄 어느 날, 나는 약속 때문에, 광화문역 5번 출구로 서둘러 나가고 있었다. 그 때 어떤 사람 주위로 많은 사람들이 둘러싸고 환호성을 지르는 모습이 보였다. 궁금한 마음에 가까이 다가가서 보니, 손석희 교수셨다. 마침 그 쪽 길을 지나시다가, 교수를 알아본 많은 사람들에게 사인 요청을 받고 계셨던 것 같다.

반가운 마음이 들었지만, 설마 나를 알아보실까 하는 생각으로 가던 길을 계속 가려고 하였다. 그 때 등 뒤에서 "어디 가냐?"라고 나를 부르시는 목소리가 또렷이 들렸다.

나는 놀랍고 반가운 마음에 인사를 드리게 되었는데, 3개월이라는 오랜 시간 매번 출연하면서도, 단 한번 개인적으로 인사 드린 적 없는 나를 아주 정확히 기억하고 계셔서 무척 반갑고 신기하였다.

나중에 그 프로그램의 다른 스텝 분께 들어 알게 된 사실이지만, 내가 했던 발언들과 이야기가 인상적이어서, 손석희 교수뿐 아니라, PD분들까지 내 이야기를 가끔 하시곤 하였다는 것이었다.

그 날 광화문에서 다시 뵙게 된 것이 인연이 되어, 그 후 나는 연구회가 여러 행사를 기획하게 되면, 손석희 교수를 연사로 초청 드리려 하였다. 하지만 교수께서 그 때마다, 교수 이전에 방송인이기 때문에, 공공적인 부분들을 강조하시며, 한사코 사양하셨다.

교수님의 연구실에서 직접 뵙고 이야기를 나눌 때도, 그 분이 얼마나 매 순간 신중하고 자기관리가 뚜렷한 분인지 느낄 수 있었다.

정치권에서 매번 끊임없는 러브콜을 받는 언론인, 그리고 2005~2006년 연속 한국에서 가장 영향력 있는 언론인 1위 선정. 교수를 뵐 때마다, 이런 모든 내용들이 확실한 이유가 분명 있구나. 라는 생각을 할 수 있었다.

사실 여러 언론매체 중에서도 특히 방송은 중립성이 크게 요구된다고 생각한다. 방송의 편파적이고 정치코드적인 내용들은, 자칫하면 많은 국민들에게 부정적 영향을 크게 줄 수도 있기 때문이다. 나는 이런 이유 때문에, 방송인만큼은 자신이 가진 개인적인 여러 신념보다는, 먼저 국민들에게 정확한 내용과 사실을 알린다는 가치관이 형성되어야 한다고 생각한다.

내가 그 당시 미처 생각해 보지 못했던, 이런 방송의 공공성에 대해 누구보다 많이 느끼게 해 주었던 분이 손석희 교수였다.

그 뿐 아니라, 자신의 위치가 여러 사람들에게 많은 영향을 줄 수 있는 중요한 자리에 있을 때, 어떤 몸가짐을 보여야 하는지도 가르쳐 준 분이 손석희 교수다.

만약 내가 먼 훗날, 의무와 역할보다는 더 많은 책임을 져야 하는 어떤 위치에 있게 된다면, 공익을 위함이 무엇인지 보여준, 손석희 교수님의 말과 행동이 나에게 큰 의미로 다가올 것이라고 생각한다.

공공성과 중립성, 그리고 철저한 자기관리. 이 세 가지는 교수께서 내게 주신 가장 훌륭한 지혜였다.

워싱턴 미 국무부로 보내진 논문

크리스마스를 며칠 앞둔 2005년 12월 20일이었다.

전화가 와서 보았더니, '발신자 표시제한'이었다. '발신자 표시제한'은 보통 정부기관이나, 보안이 유지되는 곳에서 쓰는 전화 방식이었다. 나는 조금 이상했지만, 궁금한 마음에 전화를 받았다.

"안녕하세요. 미국대사관 비서실입니다. 저희 대사님이 김정훈 선생님께 크리스마스 선물을 준비하셨어요. 주소를 여쭤볼 수 있을까요?"

미국 대사가 나에게 직접 크리스마스 선물을 준비하셨다는, 전혀 뜻밖의 전화에 나는 잠시 당황스러웠지만, 곧 이 '특별한 선물'에 대한 궁금증과 기대로 설레고, 가슴이 두근거리고 있었다.

마침 당시 내가 일하던 곳이 서울시청이었기 때문에, 광화문의 미국대사관과 매우 가까운 거리였다. 그래서 나는 주소를 말하는 대신 직접 방문하여 받겠다고 하였다.

잠시 뒤, 약속된 시간에 대사관에 방문하여 선물을 받았는데, 예쁜 리본으로 정성스럽게 포장된 선물과, 카드는 무척 세심해 보였고, 충분히 감동적이었다.

선물과 함께 들어있는 작은 카드를 열어보니 선물을 주신 분, 마크 민튼 대리대사의 예쁜 크리스마스 명함카드가 들어있었다.

당시 주한미국대사관은 전임자였던 크리스토퍼 힐 대사가 국무부의 동아태 담당 차관보로 자리를 옮겼고, 아직 후임 대사가 오지 않은 상태였기 때문에, 마크 민튼 부대사가 임시로 대사 업무를 하고 계셨다.

뜻밖의 멋진 크리스마스 선물을 주신 마크 민튼 대리대사는 특별한 몇 가지 추억으로 나와 좋은 인연을 맺고 있던 분이었다.

대사께서 2005년 4월에 내가 개최한 첫 번째 국제회의의 초청연사로 참여하셨고, 이 후 7월에는 정동의 미국대사관저에서 개최 되어, 각국 고위외교관들이 모두 참석한 외교 리셉션에 나를 대학생 대표로 초대해 주셨다.

대사와의 여러 일들 중, 특히 가장 기억에 남는 일은 선물로 드렸던 내 논문을 읽으시고, 미 국무부에 직접 보내 주셨던 일이다.

논문을 드리고 두 달 뒤, 나에게 메일을 보내오셨는데, 다음과 같은 내용이었다.

Dear, Mr. Jung-Hoon KIM
President, Korean University Students Politics and Diplomacy Research Association.

도전력

Thank you so much for your kind note thanking me for my congratulatory remarks at the KPDRA forum in April.

(중략)

I expect it will be September or October before a new Ambassador arrives. Thank you also for the nice volume on the work done by the Association,

(중략)

I have sent the volume on to Washington after reading it myself.
Best of luck with your important work. I hope to meet you again soon.
Best Regards,

2005. 6. 27.

Mark Minton,

Charge ad interim, American Embassy, Seoul, Republic of Korea

김정훈 한국대학생정치외교연구회 회장님에게
연구회의 국제회의에 축사연사로 초청해주셔서 진심으로 감사합니다. 그리고 김정훈 회장님의 친절에도 깊이 감사드립니다.

(중략)

아마도 9월이나 10월쯤에는 새로운 대사님이 오실 것으로 기대합니다. 그리고 저에게 주신 훌륭한 연구논문도 감사 드립니다.

(중략)

저는 이 논문을 읽은 후, 워싱턴으로 직접 보냈습니다.

김정훈 회장님이 하시는 중요한 일들에 늘 행운이 가득하길 바라며,

곧 다시 뵙게 되길 희망합니다.

주한미국 대리대사 마크 민튼 드림

5개월 동안 많은 자료와 연구를 바탕으로 쓴 나의 첫 번째 국제관계 논문이 미국 고위외교관이 직접 읽고, 워싱턴 국무부로 보내졌다는 것은 분명 큰 의미가 있었다.

사실 당시에는 미국 외교관들은 한국의 미국전문가들 의견보다는, 평범한 한국 국민들의 의견, 특히 젊은 층과 대학생의 의견을 더욱 사실적으로 듣고 싶어 하였다.

양국관계에 있어, 가장 정확히 서로의 느낌을 알 수 있는 방법은 평범한 일반 국민들과 젊은 계층의 이야기를 듣는 일이었기 때문이다. 그런 상황에서 내 논문 주제는 한미 양국의 상황에 맞는 '국제관계와 한미관계'였고, 이러한 내용을 전문가가 아닌 평범한 일반 사람의 관점으로 기술했다는 점은, 무척 높은 의미로 평가 되었다.

게다가 그 당시 나는 관련 전공을 공부하는 전문가나 대학원생이 아닌 여기에 대해 지식이 거의 없는, 지극히 평범한 대학생이었다.

한 가지 놀라운 사실은 훗날 알게 된 일이지만, 얼마 뒤 한국에 새로 부임하게 된 미국외교관들 일부가 내 논문을 읽었었다는 점이다. 한국을 이해하기 위해 외국의 외교관들이 내 논문을 활용하게 된 것이다. 그야말로 놀라운 일이었다.

도전력

나에게 이 일은, 마치 학자가 자신의 논문이 권위 있는 학술지에 실린 것과도 같은 기쁨을 주었다. 내 위치와 신분에 한계를 두지 않았고, 불가능할 것이라고 생각한 국제회의 개최를 성공적으로 개최하였고, 스스로 전문적인 책들을 찾아서 공부하며, 하나씩 내 생각으로 만들어 훌륭한 논문도 써냈기 때문이다.

그 날 대사의 편지를 받았을 때, 이제야 제대로 된 첫 걸음을 내디뎠다는 기쁨으로 가슴이 뛰고 있었다.

나는 그 후에 논문을 반기문 장관을 비롯한 많은 분들에게도 직접 드릴 수 있었다. 그리고 더욱 많은 격려와 응원을 받게 되었다.

이 일을 계기로 여러 계획들과 활동의 폭이 넓어지게 되었고, 몇 군데 언론에서도 나에게 관심을 보이기 시작하였다. 심지어는 'VOA' 같은 미국의 국영 라디오방송에 인터뷰를 하기도 하였다.

사실 누가 상상이나 할 수 있었겠는가. 이러한 일들이 가능해질 수 있을 거라는 것을.

스물다섯 살, 나의 2005년은 점점 더 성장하며, 열정과 두근거림으로 가득해져 가고 있었다.

만남이 주는 가치들

나는 그동안 만나 뵈었던, 수많은 분들과의 특별한 인연이 결코 우연이 아니라고 생각한다.

만난 분들 중에서는 구평회 전 LG그룹 회장, 이재웅 다음Daum 커뮤니케이션즈 사장, 홍정욱 헤럴드미디어 사장과 같은 유명기업의 대표와 CEO도 있었고, 전경련과 한국무역협회 회장 등 큰 경제단체의 수장도 있었다.

정치와 외교 분야 그리고 학계, 국제기구에 계신 분들을 직접 뵙기도 하였고, 장관, 대사와 같은 정부 인사들과 인사 나누기도 하였다.

나는 이 분들을 만나기 위해서, 그리고 그 만남의 목적을 이루기 위해서, 아주 정확하고 구체적인 계획과 수많은 기회를 만들어야 했다.

그리고 많은 사람들과의 만남을 준비하기 위한 과정은, 나에게 정말 소중하고 값진, 배움의 시간이었다. 그 과정에서 많은 생각과 지혜를 가져야 했고, 스스로의 모습 또한 돌아보고 다듬을 수 있었기 때문이다.

예를 들어, 빌 클린턴 대통령과의 만남을 위해, 나는 그 분의 자서전을 외우다시피 몇 번을 읽고, 심지어 미국에서 보도된 각종 뉴스를 5년 전 내용까지 찾아서 꼼꼼히 읽었다.

그리고 최근에 어떤 일들을 하셨는지를 알아보고, 그 분의 관심사와 관련 된 공부를 하기도 하였다.

반기문 장관을 뵙기 전에는, 장관께서 출연한 언론 인터뷰 동영상을 무려 서른 번 이상 반복해서 보았고, 그 분의 경력, 사람들과 인사 나누는 모습, 추진하고 계시는 정책내용 등도 모두 찾아보았다.

매번 어떤 분을 만날 때 마다 그런 준비과정을 거치다 보니까, 점점 스스로도 그 분들의 모습처럼 더욱 열정적으로 살고, 더욱 겸손해져야 한다는 것을 깨닫고 있었다.

만난 분들 중에서, 어떤 분은 약속을 하고, 비교적 여유 있는 시간 동안 대화를 한 분이 있지만, 어떤 분은 행사장에서 잠깐 뵙고, 아주 짧은 시간 인사 드리기도 하였다.

약속을 정한 분들은, 만나고 싶은 목적을 구체적으로 잘 설명하여 문서로 보내드렸기 때문에, 만나기 전에 이미 대화의 주제와 내용이 어느 정도 정해진 상태였고, 그 목적에 대해서도 충분히 대화할 수 있었다.

하지만 행사장에서 잠깐 뵌 분의 경우에는, 대화 할 시간이 한정되었기 때문에, 그 짧은 시간 동안 나를 최대한 잘 소개하여, 그 후에 정식으로 한 번 뵙게 되기를 요청 드렸다.

그래서 나는 혹시 어디선가 만날 수도 있는 분들을 활동분야별로 정리하여, 나를 적절히 소개할 수 있는 '1분 소개문'을 만들기도 하였다. 실제로 이 1분 소개문은 상당한 효과를 나타내어 많은 분들을 나중에 정식으로 다시 뵙게 되었다.

나는 아주 세밀한 부분까지도 여러 노력을 기울였다. 한 번은 어떤 분이 내 명함을 받고, 한참을 보신 순간이 있었는데, 그 다음날 바로 상대방이 한 번에 내 명함을 잘 알아볼 수 있도록 디자인을 다시 고쳐서 만들었다.

그리고 리셉션이나 만찬장에 가게 되면, 사람들이 서로 명함을 주고받고, 인사하고 악수 나누는 모습들을 사진으로 찍어 두고 유심히 보았다가, 그런 모습을 혼자 연습하기도 하였다.

만나는 분들에게 가장 예의 바르게 인사할 수 있는 방법도 연습하였고, 대화를 나눌 때 시간조절을 하는 방법 등도 고민하였다.

또 어디를 가더라도, 가급적 많은 분들을 만나고 인사하기 위해서, 각 분야별로 최근에 어떤 사람들이 어떤 이슈를 만들고 있는지 늘 신문과 여러 언론 등을 통해 유심히 살펴보았다.

이러한 여러가지 열혈 노력 때문이었는지, 나는 길을 지나가다가도, 내가 관심 있는 분야의 인사들을 가끔 만나는 행운을 누리기도 하였다.

특별히 재미있는 에피소드도 있는데, 2005년 11월 5일, 서울시청 앞을 지나가다가 전혀 뜻밖의 인사를 만나게 되었다.

당시 주한미국대사가 새로 부임하였는데, 아직 공식적인 첫 업무조차 언론에 보도되기 전이었기 때문에, 미국대사가 어떤 분인지 아는 사람들은 극히 드물었다. 사실 관심 없는 사람들은 한국의 외교통상부 장관도 모르는 사람이 많았기 때문에, 미국대사를 모르는 것은 어쩌면 자연스럽고 당연한 일이었다.

설사 아는 사람이 있다 하더라도, 길 가다가 그냥 평상복 차림으로 지나가는 대사를 알아보는 경우는 거의 없는 것이었다.

하지만 나는 매일 신문을 자세히 읽고, 이슈에 있는 사람들에 대해서는 특별히 유심히 살펴보고 있었기 때문에, 격식 없는 차림으로 시내 산책을 하던 알렉산더 버시바우 신임 미국대사 부부를 한 번에 알아볼 수 있었다.

나도 놀랐지만, 대사 부부는 더 놀라시며 나에게 물어보셨다.

한국에 부임한지 며칠 되지도 않았고, 평상복 차림으로 지나가는 자신과 부인의 모습을 어떻게 한 번에 알아볼 수 있었냐는 것이었다. 나는 웃으면서 이유를 말씀 드렸고, 내 명함을 드리면서 나중에 한번 인사 나누길 희망한다고 하였다. 그리고 근처의 길과 방향을 정확히 알려드렸다.

그 후, 나는 대사와 여러 행사에서 반갑게 인사드릴 수 있었고, 특별히 다음해 12월에는 미국대사관저에서 열린 대사의 지인들이 참석한 소규모 파티에 초대되어 즐거운 시간을 보내기도 하였다.

나는 이런 일이 어쩌다 생길 수 있는 우연일 수도 있지만, 그보다는 항상 누군가와의 만남을 기대하고, 늘 준비했던 내 노력의 작은 결과라고 생각한다.

누군가와의 만남을 늘 준비하고 고민하는 것은 힘든 일이기도 하지만, 한편으로는 생각지도 못한 결과를 주는 무척 기대되는 일인 것이다.

흔히 사람이 받는 스트레스 중 가장 심한 것이, 인간관계에서 오는 스트레스라고 한다.

그만큼 어느 누군가와 새로운 관계를 맺거나, 혹은 그 상황과 조직 내에서 많은 사람들과 여러 관계를 유지하는 일은 쉬운 일이 아닌 것 같다.

더군다나, 만나는 사람이 나와 중요한 이해관계가 있는 사람이라면 더욱더 상대하기 힘든 일일 것이다.

나 역시 그동안 만났던 분들은 나에게 중요한 분들이었고, 그 분들에게서 소중한 배움을 얻거나, 때로는 쉽게 말할 수 없는 내용들과 목적을 구했기 때문에, 그 만남을 준비하는 일이 무척 힘들고 고민되는 과정이었다.

하지만 어떤 인연도 소중히 생각하고 작은 만남이라도 항상 소중히 준비해온 결과, 그 힘든 과정을 훨씬 뛰어넘는 빛나고 소중한 가치를 얻을 수 있었다.

불과 스물 다섯의 나이에 세계적인 리더들을 직접 만나, 많은 가르침과 지혜를 배울 수 있었고, 수많은 분들을 만나면서 스스로 깨닫게 된 가치들도 많았기 때문이다.

또한 중요한 사람들을 만나고 대화하고 인사하는 노하우 역시, 어디서도 배울 수 없는 나만의 소중한 자산이 되었다.

만약 어떤 만남을 준비하기 위해 진심이 담긴 노력과 시간을 거쳤다면, 그 결과에 상관없이 한 번쯤 상대방 마음의 문을 두드려

봐도 좋을 것 같다.

당신이 만나고자 한 그 사람 역시, 누군가와의 만남을 위해 기쁜 마음으로 기대하고 있을지 모르기 때문이다.

만남을 준비하고, 그 이후의 인연을 맺는 모든 과정 자체만으로도, 당신의 삶은 이미 충분히 도전적이고, 열정이 넘치게 될 것이라고 확신한다.

세상과 소통하는 창

언론과의 인터뷰

한 번은 어떤 신문사를 방문하였는데, 그 신문사는 '세계와 통하는 한국의 창'이라는 기치를 내걸고 있었다.

이 신문사의 기치와 비슷한 말로, 흔히 나는 언론을 말할 때 '세상과 통하는 창'이라는 표현을 쓴다. 이 표현처럼, 언론의 역할을 가장 함축적으로 잘 나타내 준 말도 없다고 생각하기 때문이다.

언론은 우리가 몰랐던 진실을 창 너머 세상에 알려주기도 하고, 때로는 어두운 부분과 밝은 부분을 창을 통해 서로 보여주기도 한다.

그리고 미처 알지 못하고, 관심 가지지 못했던 여러 내용들을 많은 사람들이 사는 창 밖 세상으로 전달 해준다.

나 역시 이러한 언론의 역할로 인해, 내 이야기가 창 너머 세상에 조금씩 알려지는 기회를 가지게 되었다.

내가 처음 언론에 보도 된 것은, 2005년 4월 22일 이었다.

반기문 장관과 대화하는 모습의 사진이 크게 실린 조선일보 기사였는데, '대학생 주최한 토론회에 潘외교·美대사 등 거물급 참석 - 김정훈씨, 외교부행사 돌며 潘장관과 인연 맺어'라는 제목이었다. 바로 전 날 내가 개최한 첫 번째 국제회의에 참석하신 장관과 나의 특별한 인연이 보도된 것이었다.

이 날은 토요일이었는데, 이른 새벽부터 계속 울리는 핸드폰 때문에, 아침 일찍 잠에서 깨어나게 되었다. 그렇게 일어나서 핸드폰을 보았고, 나는 정말 깜짝 놀라게 되었다. 알람이라고 생각했던 그 많은 진동이 모두 새벽부터 온 수십 통의 전화와 문자들이었던 것이다. 나는 무슨 일인가 싶어, 문자 온 내용들을 하나씩 확인하였다. 문자 내용은 대부분 '기사를 잘 보았다.', '사진이 잘 나온 것 같다.', 'OO신문 기자인데, 혹시 통화 가능 하느냐.' 등. 내가 전혀 이해할 수 없는 내용들이었다. 잠시 멍하게 앉아 있다가, 그 중 친구가 보낸 문자가 있는 것을 확인하고 전화를 하였다. 전화를 받은 친구는 대뜸 "어제 저녁에 인터넷 검색을 하다가 너 뉴스가 있어서 깜짝 놀랐다"라는 말부터 시작하였다.

친구에게 어느 정도 이야기를 듣고, 집 앞 신문 파는 곳으로 달려가서, 기사를 찾아보았는데, 정말 나에 관한 기사가 크게 보도된 것을 볼 수 있었다.

그 뒤, 한동안은 '언론의 힘'을 매일 느낄 수 있었다.

많은 분들이 나에게 전화를 걸어와 관심을 보여주셨는데, 응원을 보내주시는 분도 계셨고, 여러 면으로 돕겠다는 분도 계셨다.

그렇게 첫 번째 보도가 난 후로, 나는 좀 더 다양한 활동들을 준비하며, 기획하였고, 많은 일들을 활발히 하는 동안, 또 다시 여러 언론들에서 나의 활동에 관심을 가지기 시작하였다.

그 결과 2008년까지 총 스물아홉 번의 개인 인터뷰와, 여러 차례의 방송 출연을 하게 되었다. 사실 큰 이슈가 된 일은 많지 않았기 때문에, 이렇게 많은 인터뷰를 한 것은 무척 이례적인 일이었다.

언론에 보도된 내용은 주로 네 가지였는데, 그 중 두 가지는 내가 한 여러 활동들과 관련된 내용이었다.

주로 민간외교 활동과 대학생관련 활동, 그리고 다양한 경험에 관한 것들이었고, 두 번째는 젊은 세대를 대표하는 사람으로서 이슈가 되는 사회문제들에 대해 의견을 묻는 인터뷰였다.

이런 내용으로 보도 된, 주요언론과 인터뷰 제목은 다음과 같다.

2005년 4월 7일, 'KBS – TV 책을 말하다'
　　　　　　(빌 클린턴 대통령 출연 특집)
2005년 4월 25일, 'SBS – 엄광석의 전망대'
　　　　　　(반기문 장관님과 특별한 인연을 맺은 대학생)
2005년 6월 6일, '조선일보'
　　　　　　(특집 'Na 세대 신 20대탐험' – 20대 대표 10명)
2005년 11월 14일, '세계일보'
　　　　　　(인터뷰 – 한국대학생정치외교연구회 회장 김정훈씨)
2005년 12월 12일, 'SBS – u포터'
　　　　　　(한국대학생 '대표' 김정훈)

도전력

2006년 2월 15일, 'MBC – 아주 특별한 아침'
　　　　　　　(반기문 UN사무총장님 특집)
2007년 4월 12일, '조선일보'
　　　　　　　(국제인맥을 쌓아라.)

이 중에서 몇몇 기사는 내가 활동한 내용들을 자세히 다루었는데, 2005년 4월 22일 기사는 처음 활동을 시작한 계기가 소개되어, 특히 나에게 특별한 의미가 있었고, 2005년 12월 12일 SBS에는 '한국 대학생 대표'라는 과분한 제목으로 기사가 보도되어 조금 놀라기도 하였다.
SBS 기사는 다음과 같다.

　'한국 대학생 대표'라는 이름으로 유명해진 김정훈 회장을 만나 연구회에 관한 이야기를 나누어봤다.
　(중략)
　연구회 회원들 역시 각종 행사, 세미나, 정치 외교 관련 교육 프로그램에 참여하고 있다. 뿐만 아니라 한국 내 각 대학의 단체, 총학생회와의 교류를 주도적으로 추진하면서 대학 사회의 미래를 위해 노력하고 있다.

이런 내용으로 나의 여러 활동들이 언론을 통해 알려지게 되면서 시간이 좀 더 지나자, 다른 내용들도 소개되기 시작하였다.
그 중에는 그동안 만난 사람들에 관한 내용도 있었고, 주로 대통령직인수위원회에서 일할 때 관련된 내용도 있었다.

2007년 8월 27일, 'KBS – 시사기획 쌈' (17대 대선 관련)
2007년 8월 27일, '주간조선'
(디지털 인맥 시대 "김정훈 씨. 반기문 총장 등 정·재계 인사와 친분 맺고…")
2008년 1월 2일, '매일경제' (대통령직인수위원회 – 정부를 만드는 110인)
2008년 1월 17일, '헤럴드경제'
(인수위 젊은 피 김정훈씨 '클린턴과의 만남이 절 바꿨죠.')

이 기사들 중에서도, 조금 특별한 내용이 있었다. 2008년 1월 17일 헤럴드 경제에 보도 된 내용은 최연소로 대통령직인수위원회에 참여한 나를 자세히 소개해 주었다.

(중략)

'대통령직인수위원회가 자리한 서울 삼청동 금융연수원. 정권 이양이라는 막중한 임무를 맡은 이곳에 유쾌한 인사로 무거운 분위기를 청소하는 '젊은 피'가 있다.

500여명에 이르는 인수위 직원 가운데 최연소인 김정훈(27) 씨가 바로 그 주인공. 대변인실 소속인 그는 40~50대가 대부분인 인수위에서 대내외 커뮤니케이션을 도맡아 처리한다. 같은 또래의 친구들은 한참 취업이나 졸업을 고민할 나이지만

(중략)

어린 나이지만 정치에 대한 그의 관심은 대학 시절부터 남달랐다. 대학(홍익대)에서 대학생정치외교연구단체를 직접 조직하고 운영하면서 많은 사회 명사들을 직접 만났다.

도전력

(중략)

클린턴이 그에게 "선거캠프를 경험해 보라"고 한 조언은 그의 인생에 적잖은 영향을 끼쳤다. 김씨는 그 말을 듣고 "언젠가는 선거캠프 경험을 통해 정치를 배우고 느끼겠다"는 결심을 하게 됐다. 마치 클린턴 전 대통령이 대학 시절 고(故) 케네디 전 대통령을 만나면서 정치의 꿈을 키웠던 것과도 유사하다.'

이처럼 '대학생 김정훈'으로 작은 도전과 성취를 해 나갈 때부터, 시간이 지나 '대통령직인수위원회의 김정훈'이 되어 꿈에 한 발짝 더 가까이 있던 순간까지, 언론은 '나'라는 사람을 세상에 조금씩 알려 준 정말 고마운 존재였던 것이다.

그리고 내가 알지 못했던 세상과 소통할 수 있게 해준 안내자이기도 했다. 어떤 사람은 하루에도 수십 번 언론에 보도되기도 하지만, 대부분 사람들은 일생을 살면서 자신의 이야기가 언론을 통해 단 한 번 알려지기 쉽지 않다.

그렇게 본다면 나는 많은 기회를 가진 사람인 것 같다. 그리고 내 이야기들이 대부분 긍정적이고 희망적으로 보도되었다는 점에서 큰 축복을 받았다고 말할 수 있다.

공교롭게도 언론과의 이런 인연은 지금까지 이어지고 있다.

지금까지 내가 전문적으로 쌓은 사회 경력 모두 '언론' 또는 '홍보'와 관련된 일이기 때문이다. 나 역시도 내가 아닌, 다른 사람을 알리기 위해 매일 언론과 대화하며 지내게 된 것이다. 그렇게 나는 매일 세상의 안과 밖의 이야기가 서로 연결될 수 있도록 그 창을 가까이서 지켜보고 있다.

그러면서 언젠가는 다른 세상으로 통하는 그 창문너머로 '마침내 이루어진 내 꿈'이 알려질 수 있기를 조심스럽게 기대해 본다.

또 다른 소통의 창. 온라인

앞서 말한 언론을 '세상과 통하는 창'이라고 한다면, 우리가 매일 접하고 이용하는 '인터넷 온라인'은 '또 하나의 세상'이라고 표현할 수 있을 것 같다.

오프라인 진짜 세상과 똑같이, 사람들이 모이고, 대화를 하고, 모임과 단체, 기업을 만들기도 하고, 정당과 정부, 국가 시스템을 이루기도 한다.

그리고 무엇보다, 오프라인 세상처럼 언론이 있고, 여러 이슈들이 생산되고, 더 강력한 여론과 정책을 만들어 낸다는 점에서 정말 '또 하나의 세상'이라고 부를 수 있다.

또한 온라인에서는 오프라인보다 더 많은 인간관계가 형성되기도 한다.

서로 공감대가 없는 사람이라도 커뮤니티나 각종 카페와 블로그, 미니홈피를 통해 왕래와 대화가 가능하기 때문이다. 그리고 비슷한 공감대가 형성될 경우는 더욱 많은 사람들이 모여서 사회생활을 하듯이 인간관계가 만들어진다.

때로는 온라인 사람들이 만든 정화되지 않은 의견이 여론화되어, 사회적으로 부정적 기능을 할 때도 있지만, 어떤 목적에서든 온라인의 사람들끼리 맺어진 '디지털인맥'은 오늘날 가장 중요한 인맥형성의 한 축이 되었다.

그래서 오프라인상의 상당수 많은 기관과 단체들이 인터넷 홈페이지를 운영하고, 온라인 세상의 고객, 국민, 회원 등. 접속하는 모든 사람들과 소통을 하며, 또 하나의 인적 네트워크를 구성하려고 노력한다.

이렇게 온라인이 '또 하나의 세상'으로서 존재하고, 그 역할을 인정받게 되면서, 정치와 경제이슈처럼 대중과 반드시 호흡해야 하는 조직은 물론이고, 일반적인 많은 사람들까지 개개인의 디지털인맥을 구축하기 위해 점차 많은 시간투자와 노력을 하게 되었다.

오프라인 인맥에 못지않은, '또 하나의 세상 – 디지털 인맥'의 시대가 열리고 있는 것이다.

나 역시, 처음 대학생정치외교연구회를 조직하면서, 온라인 커뮤니티 활동을 먼저 시작하게 되었다. 거리와 시간에 구애 받지 않고, 어떤 지역의 대학생들이라도 쉽게 만나고, 의견을 나눌 수 있는 최적의 '사무실'이었던 셈이다.

'싸이월드'라는 대표적인 커뮤니티 사이트를 이용했는데, 대중적으로 많은 사람들이 사용하는 사이트였기 때문에, 단체를 조직하고 운영하는데, 실제로 많은 도움을 받게 되었다.

나는 점차 연구회 활동을 넘어, 개인적 활동이 커짐에 따라, 이메일과 메신저, 개인 홈피와 블로그 등을 이용해서 본격적인 '디지털 인맥' 구성을 시작하였다.

내가 가진 비전을 같이 나누고, 또 상대방의 비전을 같이 공감하고 나눌 수 있는 그런 사람과 공간이 필요했던 것이다.

회원으로 가입한 많은 단체들에서 오는 이메일과, 보내는 사람들을 꼼꼼히 폴더 별로 정리하여, 단체메일이더라도 반드시 답장을 보냈고, 개인 홈피와 블로그를 찾는 모든 손님들은 답방을 가거나, 기분 좋은 인사를 꼭 건넸다.

이렇게 맺어진 인맥들 중 가능한 사람들은 메신저로 등록하여서 정말 '대화'를 할 수 있는 사람으로 만들었다. 매일 하루에 한 시간 정도 신경 써서 온라인 사람들과 대화하고 같이 공감대를 형성하였더니, 어느덧 디지털인맥이 오프라인 인맥 못지않게 잘 구성되기 시작하였다. 심지어 실제로 만나서 명함을 주고받은 사람들도, 명함의 이메일 주소나 메신저주소로 연락하여 다시 한 번 디지털인맥으로 만들곤 하였다.

이렇게 하루하루 소중한 인연들을 만들며 4년 정도 시간이 흐르자, 약 7,300명에 이르는 상당한 디지털인맥을 만들게 되었다.

메일을 한 달에 다섯 번 이상, 자주 주고받게 된 사람은 800명에 이르고, 사용하는 두 종류의 메신저에서 대화하는 사람은 2,000명이 넘게 되었다.

개인 홈페이지인 '미니홈피'에서 맺은 일촌은 4,500명이 넘었으며 1,300명이 넘는 사람들이 내 홈페이지를 즐겨 찾기로 등록하였다.

그동안 홈페이지를 운영하면서 놀라운 일도 있었는데, 2006년에 있었던 일이다. 대한민국 국민, 절반 이상인 2,300만 명의 사람들이 이용한다는 싸이월드에서 그 해 가장 많은 회원들이 방문한 홈페이지 6위에 올랐던 것이다. 즉 2,300만개의 개인 홈페이지 중에 방문자 수로 그 해 여섯 번째가 된 것이다.

이 놀라운 사건은 회사에서 주는 기분 좋은 선물까지 덤으로 받으면서, 그동안 내가 만든 디지털인맥의 놀라운 힘을 체험하게 해주었다. 나는 이렇게 많은 사람들을 알게 되면서, 한편으로는 또 늘 걱정했던 것이, 행여나 생각지 못한 일들로 인해, 좋은 관계를 맺은 사람들에게 실수하거나, 실망을 주게 될까 하는 점이었다.

나에게 응원과 용기를 주는, 그리고 내가 용기를 줄 수 있는 소중한 사람들이 있다는 것은 무척 감사한 일이다. 그런 만큼 당연히 그 이상으로 늘 조심스러운 마음을 가지게 되는 것이다.

온라인상에서도 알게 되는 모든 사람, 그리고 만나게 되는 모든 사람들이 나의 부족함을 채워주는 훌륭한 선생님이라고 생각할 때, 감사의 마음과 상대방을 존중하는 마음은 반드시 필요하다고 생각한다.

특별한 인연으로 만난 '디지털인맥'은 나에게 이러한 상대방에 대한 배려와 존중을 매일 '업데이트' 시켜주는 무엇과도 바꿀 수 없는 귀한 자산이다.

3
새로운 도전

최고의 개척자

2005년 가을. 한 강연회에 참석했을 때이다.

300명이 넘는 대학생들이 참여한 그 강연회의 연사는 대단히 유명한 기업인이었다. 그가 말하는 경영리더십을 듣기 위해 많은 학생들이 몰려들었고, 강연 시작 30분 전인데도 좌석은 거의 가득 차 있었다.

나 역시 기대를 하며 강연회에 참석하였다. 기업의 CEO라기 보다 오히려 배우 같은 느낌이 날 정도로 말끔한 그의 인상과 옷차림, 그리고 군더더기 없는 강연은 학생들을 열광하게 하였다.

강연이 끝나고 질문을 받는 시간이었는데, 어떤 한 학생이 손들고 일어나서, 조금 격양된 표정과 냉소적인 목소리로 날카롭게 질문 하였다.

"사장님께 질문 한 가지 드리겠습니다. 사장님은 오늘 리더십에 대한 이야기를 하셨는데, 그 전에 경영하시면서 늘 올바른 신념을 가지고 경영하셨다고 생각하십니까?"

갑작스러운 이 질문에 의아하다는 생각을 하였는데, 바로 다음 말이 빠르게 이어졌다.

"만약 올바른 신념이 있으시다면, 왜 FTA라는 불합리한 일에 찬성하는 발언을 하십니까? 만약 신념이 있으시다면, 왜 정부의 눈치나 보는 그런 기업인으로 사십니까? 제가 보기엔 사장님은 겉만 가꾸고, 남 보이기에만 신경 쓰시는 분 같다는 생각이 드는데요."

날카롭다 못해, 비난에 가까운 이 말에, 질문을 받은 그 기업인보다 참석한 학생들이 더 웅성거리고 있었다. 조금 분위기가 가라앉자, 기업인이 대답하기 시작했다.

"아주 좋은 질문 감사 드립니다. 대답을 드리기 전에, 질문 주신 학생께서 그렇게 보신다면 제 자신을 조금 반성해야겠다는 생각이 먼저 듭니다. 지적해주신 부분은 잘 생각해보도록 하겠습니다. 그럼 대답을 드리겠습니다. 저는 신념이라는 부분에 대해서는 어떤 것이 올바른 것이라고 명확히 말씀 드리긴 힘들 것 같군요. 하지만 제게 아주 중요한 가치가 있습니다.

그 가치는 바로 사명입니다. 전 외국에 나가게 되면, 항상 한국을 대표하는 기업인이라는 생각을 스스로 하여, 국가에 대한 사명감을 가집니다. 전 정치나 경제적으로 진보나 보수라는 개인 신념과 이념을 말하고 싶지 않습니다. 저는 조국에 조금이라도 도움이 되는 기업인이 되고 싶습니다. 물론 저희 기업의 이익도 매우 중요하겠지요. 하지만 저에게 있어, 최고의 사명감은 대한민국이라는 저와 저희 기업이 있는 조국입니다. 저는 FTA에 대한 반대와 찬성의 개인 신념보다는, 제 생각과 고집보다는, 국가를 위한 사명감을 먼저 생각하게 되었습니다.

FTA는 한국이 잃는 것도 있겠지만, 분명 미래를 지향하기 위해 한국경제가 꼭 거쳐나가야 하는 중요한 과정이라고 봅니다. 그래서 저는 개인적 소신보다는 국가를 위한 생각을 가지기로 했습니다. 그리고 그것이 한국에서 경제활동을 하고 있는 우리 기업과, 저, 직원 모두의 의무와 책임감이라고 생각합니다.

여러분도 잘 아시겠지만, 안타깝게도 FTA로 인해 가장 많은 손실이 예상되는 산업이 제가 일하는 분야입니다. 하지만 저는 저와 저희 기업의 당장의 손실보다는, 미래에 세계 속 한국의 경쟁력이 더 우선이라고 봅니다. 저와 기업의 손실에 대해서는, 개방으로 인해 상품이 시장경쟁력에서 밀리지 않도록, 좀 더 여러 방법을 통해 글로벌기준에 가깝게 보완하고 노력할 생각입니다. 그리고 회사가 조금 손실을 떠안더라도 직원들에게는 피해가 가지 않도록 최선을 다할 생각이고요.

부족하지만 답변이 되었으면 좋겠군요."

그 대답을 들은 후에도, 질문했던 학생은 여전히 자신의 신념인 'FTA 반대'에 대한 입장을 다시 한 번 그 기업인에게 명확히 전달하였다.

나는 그 기업인과 질문한 학생의 FTA내용에 대해서는, 둘 중 어떤 사람의 내용이 맞고, 어떤 사람이 틀렸다고는 생각하지 않는다. 두 사람 이야기는 충분히 이견이 있을 수 있는 주제였다. 다만, 학생이 말한 '신념'보다, 기업인이 말한 '사명감'이라는 부분에 더 공감이 되었다.

　두 사람 모두 국가를 사랑하고 걱정해서 각자의 판단을 소신 있게 이야기 한 것이겠지만, 그 학생은 자신의 정치적 이념에 바탕을 둔 개인적 신념에 가까워 보였고, 기업인은 자신의 손실보다는 국가의 이익을 먼저 생각한, 어떤 사명감으로 보였기 때문이다. 그리고 사회와 국가에 대한 기업의 의무와 책임의식도 가지고 있었다.

　만약 기업인이, 당장 자신과 회사의 이익, 그리고 개인적 신념만을 생각하였다면, FTA에 반대 했을 가능성이 더 높았을 것이다.

　강연회에서 돌아오는 길에 나는 내내 무거운 마음을 떨칠 수가 없었다.

　내가 그동안 했던 많은 일들에는 나만의 확고한 신념이 있고, 그 신념을 바탕으로 행동했던 것은 맞지만, 그 생각과 행동들에 나 개인을 뛰어넘는 어떤 의미의 사명감도 확실히 있었을까 하는 생각이 들었다.

　그리고 내가 한 모든 일들에 사명감을 가지고는 있었지만, 그것을 과연 얼마나 행동으로 옮기고 있었는지에 대해서는 의문이었다.

　개인적인 성취들은 많았지만, 그것이 더 큰 의미에 대한 사명감에서 비롯되었던 것인지는 명확하지가 않았다.

　그 생각을 한 후 한동안, 나는 내가 가져야 할 사명감이 어떤 것인지 좀 더 구체적으로 고민하게 되었다.

　그리고 그동안 생각했던 것처럼, 내 비전이 개인적 성공과 성취가 아니라면, 내 주위 많은 사람들과 사회와 국가에 더 명확하고 구제적인 사명감을 가져야 한다는 생각을 하게 되었다.

내가 하는 일에, 스스로와 주위뿐 아니라 많은 사람들에게 긍정적 영향을 줄 수 있는, 보다 큰 의미의 생각과 행동이 필요한 순간이었다.

우선 나는, 나와 같은 20대와 대학생들에게 비전을 줄 수 있는 일, 그리고 그들과 함께 희망을 이야기 할 수 있는 일이 무엇인지 찾기로 하였다. 그동안 주로 개인적으로 행사에 참가하고, 또 개인적으로 여러 활동을 해왔던 것 보다는, 이제는 많은 20대와 함께 공감 할 수 있는 일들을 계획하기로 한 것이다.

그래서 한국의 20대가 사회와 국가의 중요한 문제들에 대해서도 같이 생각하고, 한번쯤 역할 할 수 있도록 도움을 주고 싶었다.

나는 며칠의 고민 끝에, 이 생각을 실천할 수 있는 세 가지 구체적 실천방안을 세웠다.

첫 번째로는 대학생들에게 희망과 비전을 주는 대규모 릴레이 강연회 개최였다. 가장 대중적인 방법으로 학생들에게 희망을 전달 할 수 있는 일을 시작하고 싶었기 때문이다. 두 번째로는 내가 직접 대학생과 20대들에게 비전에 관해 이야기 해보는 일이었다.

마지막 세 번째 계획은 많은 준비가 필요한 일이었는데, 한 해 동안 사회적으로 가장 크게 이슈화 된 내용을 대학생과 각계 전문가들이 함께 참여하는 대규모 컨퍼런스를 개최해 보는 것이었다.

세 계획 모두 일단 구상은 해볼 수 있었지만, 실제 실행하기에는 많은 어려움이 있는 일이었다. 이 계획을 함께 도와줄 사람도 충분히 있어야 했고, 재정적인 부분과 세밀한 행사 준비 등도 고민 되는 부분이었다.

하지만 나와 같은 20대와 대학생들에게 희망을 주겠다고, 특별히 사명감을 가지고 계획한 일인 만큼 반드시 추진하겠다는 마음을 가지기로 하였다.

며칠 뒤 나는 첫 번째 릴레이 강연회 계획부터 구체적으로 준비하기 시작하였다.

초대하고 싶은 초청 연사 분들에게 공문을 만들어 보냈고, 재정적으로 도움을 구할 단체들에게도 희망의 캠페인에 참여해줄 것을 간곡히 호소하였다. 계획서 한 장을 달랑 들고 동서남북 수없이 많은 곳을 뛰어 다니며, 만나는 사람들에게 이 계획이 한국 20대들을 작게나마 변화시켜 줄 것이라고 설득 하였다.

이런 고군분투의 시간이 한 달 남짓 흘렀고, 조금씩 사람들의 마음을 움직일 수 있게 되었다. 그리고 마침내 강연회를 개최할 수 있는 상황이 만들어지게 되었다.

나는 2005년 10월 26일. 첫 강연회를 개최하게 되었고, 숙명여대에서부터 시작한 이 '릴레이 희망 강연회'는 그 해 12월 27일까지 성신여대, 중앙대, 서울여대를 거치며. 네 번의 강연 만에, 무려 4000명이라는 믿기지 않는 수의 대학생들이 참가한, 놀라운 행사가 되었다.

초청연사들은 강연장에 가득 찬 대학생들의 열정적 반응에 화답하여, 더욱 뜨겁게 비전을 말하였고, 그 이야기는 모든 참가자들의 가슴에 희망을 안겨주고 있었다.

나의 이 첫 번째 계획은, 많은 대학생들이 비전과 희망을 새롭게 이야기하게 된, 아주 '특별한 여행'의 출발선이었다. 그리고 '여행'에 참가한 수많은 20대와 대학생들이 나에게 그들의 새로운 희망에 대해 상의하기 시작하였다.

그 순간부터 나는 그동안의 개인적 성취와는 분명 다른, 뜨거운 열정과 두근거림이 연일 내 마음속 가득 퍼지는 것을 느낄 수 있었다.

다시 5개월의 시간이 지나고, 2006년 5월 17일 숙명여대 중강당.

여러 준비 끝에 두 번째 계획을 실행할 수 있었다. 내가 직접 비전에 관해 대학생들과 함께 대화하려던 계획이었는데, 아쉽게 혼자 연단에 오르지는 못하였다. 대신 초청연사와 함께 대담형식으로 더 파급력 있게 진행 할 수 있었다.

700여명의 숙명여대 학생과 여러 대학의 학생들은, 나와 초청연사가 전하는 '20대가 가져야 할 희망과 비전'에 관한 이야기를 들으며 밝은 웃음과 환호를 보내주었다. 그런 모습의 수백 명 대학생들을 보면서, 그들 앞에서 말할 수 있다는 것이 얼마나 가슴 벅찬 일인지, 또 얼마나 영광스러운 일인지, 말로 표현 못할 정도로 설레는 순간이었다.

내가 생각했던 모든 것을 뛰어넘는 멋진 일이었고, 내 가슴속에 있는 열정을 수백 개 조각 내어, 참가한 모든 대학생들에게 전달한 듯한, 그런 느낌이었다.

계획했던 두 번의 행사를 기대이상으로 잘 마친 뒤, 나는 더욱 확실한 사명감과 부푼 기대감을 안고 세 번째 계획을 다듬기 시작했다.

세 번째 계획은 '그 해 가장 큰 이슈가 된 내용을 주제로 한, 대학생과 전문가들의 컨퍼런스 개최'였는데, 2005년에 개최한 첫 번째 국제회의와 비슷한 형식으로 또 한 번 개최하는 것이었다.

다만 이번 컨퍼런스 개최 목적은 그 때와 분명 달랐다. 첫 번째 국제회의가 대학생들의 목소리를 사회에 내는 것이 목적이었다면, 이번엔 반대로 사회의 중요한 이슈에 대해 대학생들에게 관심과 참여를 가지게 하려는 목적이었다. 그래서 좀 더 많은 대학생들이 넓은 시야를 가지고 사회 이슈를 다양하게 볼 수 있도록 하고 싶었다.

많은 주제를 생각하고 고민하였는데, 대학생들에게 관심이 가장 적지만, 중요한 사회 이슈였던 '한미FTA'를 주제로 정하기로 하였다.

한미FTA는 국내 이슈기도 했지만, 동시에 국제적인 이슈였기 때문에, 대학생들의 사회의식과 글로벌의식을 둘 다 이야기 해볼 수 있는 아주 좋은 주제였다.

주제를 정하게 되자, 본격적인 준비를 시작하였다.

처음 도전해 보는 것은 아니었기 때문에, 첫 번째 국제회의를 준비할 때보다는 조금 체계적으로 여러 생각을 할 수 있었다. 하지만 이번에도 참여연사초청과 행사후원금확보는 여전히 어려운 난관이었다. 또 '한미FTA'는 사회적으로도 굉장히 민감한 문제였기 때문에 선뜻 참여하겠다는 전문가를 찾기가 쉽지 않았다. 그리고 어떤 하나의 결론으로 도출하기 어렵고, 찬반이 명확한 주제였기 때문에, 자칫하면 개최하려는 처음의도와는 다른 결과가 나올 수도 있었다.

특별한 성과 없이 준비만 한 채, 한 달의 시간이 훌쩍 지나갔다.

마음이 초조해지고 고민은 깊어져 갔다. 많은 곳에 후원요청을 하였지만, 긍정적 반응을 이끌어 내기 힘들었다. 그리고 시간이 흐르면서 참석을 약속한 몇몇 연사들마저 참석불가 통보를 해오기 시작하였다. 생각한 것보다 훨씬 더 힘든 준비과정이었고, 이런 상황이 두 달 가까이 되자, 계획을 그냥 포기할까 하는 마음이 매일 나를 괴롭히기 시작했다.

당시 내 개인홈페이지 제목은 'Was what I was dreaming a mere illusion?'(내가 꿈꾸던 건 그저 꿈에 불과했던 건가?)이었다. 어떤 영화 대사에서 가져온 말이었는데, 고민하던 내 마음을 그대로 표현하고 있었다.

그런데 어느 날 아침에, 홈페이지에 들어갔더니, 친하게 지내던 미국인 친구가 써놓은 짧은 글이 보였다. 'You are the best pioneer I have ever seen.' (너는 내가 본 사람 중에 최고의 개척자야.) 내 홈페이지 제목을 보고, 친구가 응원을 해 준 것 같았다.

고마운 마음을 가지고 하루를 시작한 그 날, 일과가 끝나고 저녁 늦게 집에 와서 컴퓨터를 다시 켰는데, 나는 순간 눈물이 울컥할 뻔하였다.

친구의 글 밑에 'You are the best pioneer I have ever seen'이라는 글이 수백 개가 똑같이 달려 있었기 때문이다. 그 날 내 홈페이지에 들어온, 수백 명의 친구들과 방문자들이, 고민하고 있는 내 모습을 알았는지, 똑같은 응원의 댓글을 써놓은 것이었다.

그 댓글 들을 쓴 친구들의 이름을 한 명, 한 명씩 보면서, 고마운 마음에 고였던 눈물이 조금씩 흐르기 시작했다. 살면서 가장 감동적인 응원의 메시지를 보게 된 순간이었다. 그리고 나를 사랑해주는 사람들이 얼마나 많은지, 내 곁에서 응원해주는 사람들이 얼마나 많은지 느낄 수 있는 순간이었다.

조금 마음을 가라앉히고 차분히 생각해 보면서, 생각대로 조금 잘 풀리지 않는다고 하여, 포기까지 생각했던 내 자신이 부끄러워졌다.

그 일들은 개인적 성취를 위한 일이 아니었고, 분명 많은 사람들을 위한 사명감으로 시작한 일이었다. 이 정도의 어려움과 힘듦이 있다는 것을 충분히 알고 있었으면서, 몇 번의 난관에 부딪히자 어느새 나약한 마음을 가지고 있었던 것이다.

친구들이 보내 준, 세상에서 가장 아름답고 멋진 응원을 보고 나는 다시 용기를 가지기 시작했다. 그리고 어느덧 가장 길고, 가장 많은 것을 인내했던 6개월의 시간이 지났다.

2006년 12월 26일. 용산의 백범 기념관 국제회의장.

김종갑 산업자원부 차관, 웨인 첨리 주한미국상공회의소 회장, 박세일 서울대 교수 등 최고의 전문가 열 분과 각 대학교의 대표학생패널들이 참가한 가운데 '한국 젊은 세대의 사회참여와 한미FTA'라는 주제로, 나의 세 번째 계획이자, 개인적으로는 두 번째 국제회의를 개최하게 되었다.

'김정훈'이라는 개인이 아니라, '한국의 20대와 대학생들'이라는 모두의 이름으로 시작한 나의 이 세 가지 계획은 이로써 하나씩 전부 실천할 수 있게 된 것이다.

눈물과 땀, 나눔과 행복, 그리고 간절함의 실천이었다.

1년 2개월이라는 긴 시간 동안 세 가지의 멋진 '희망'을 나와 함께한, 5200명 대학생들의 열정은, 아주 특별한 비전으로 더욱 빛나게 되었다.

그리고 한 가지 더해진 의미는, 나 역시도 그 시간 동안 비전과 사명감이 더욱 특별하게 성장하였다는 것이다.

'You are the best pioneer I have ever seen.'

친구들이 응원해준 이 멋진 말처럼, 비전을 향해 새로운 곳을 개척하면서.

투자할만한
가치가 있는 비전

20대와 대학생들을 위한 희망과 비전 캠페인을 시작했을 무렵, 나는 몇 가지 큰 어려움에 부딪히게 되었다.

그 중 가장 큰 문제는 재정적인 후원과 사회적인 관심부족이었다. 개인적 활동을 할 때에는 특별히 재정적인 부분이 문제되지 않았지만, 사람들과 함께 하는 활동이나, 수많은 대학생들이 참여하는 행사를 기획할 때는 재정 후원이 반드시 필요하였다.

그래서 이제는 어떤 일을 계획하기 전에 늘 재정적인 부분을 먼저 고려하게 되었다.

처음에는 그동안 맺어왔던 좋은 인맥들을 활용하여 도움을 구하기도 하였지만, 점점 다양하고 규모가 큰 활동들을 시작하게 되니까, 이런 방법으로 일하기는 힘들어졌다. 어떤 일을 진행하기 위해서는 정식으로 관련기관에 후원 요청을 해야만 했다.

매일 행사와 연관성이 있는 단체들을 찾아보고, NGO, 정부기관, 연구기관, 국제기구 등. 많은 곳에 공문을 보내서 도움을 구하였다.

2005년과 2006년에 개최한 두 번의 국제회의 준비 때, 후원요청을 위해 보낸 공문만 200장에 이른다. 연사를 모시기 위한 초청공문까지 하면 모두 270여장의 공문을 보내야 했다.

전화를 먼저하고, 담당자 앞으로 공문을 보내더라도, 대부분은 읽혀지지 않았고, 또 공문이 잘 전달되더라도 도와주겠다고 나서는 단체는 거의 찾기 힘들었다. 젊은 세대와 대학생들의 비전과 희망을 위한 일이라고 아무리 잘 설명해도, 도와주는 기관과 사람은 없었다.

큰 사회단체나, 자선재단, 방송사에서 하는 일은 사람들이 서로 도와주겠다고 나서겠지만, 학생들이 스스로 주체가 되어 만드는 일에는 아무도 관심 가져주지 않았던 것이다.

한동안은, 스스로 경제적으로 여유 있지 못한 것이 안타까울 정도였다.

그런 마음을 가진 것 가체가 부모님께는 너무 죄송했지만, 그 때 답답했던 내 심정은 이루 말할 수 없었다. 내가 이런 행사를 개최하고 준비하는데 필요한 비용은 사실 굉장히 큰돈이 아니었다. 정말 몇 군데 기관에서 조금씩만 도와준다면 가능한 일이었다.

2006년 '한국 젊은 세대의 사회참여와 한미FTA' 라는 국제회의를 준비하는 과정에서는, 행사내용과 연사와 패널들 초청, 발표논문 준비 등, 실질적인 내용준비보다는 재정후원 요청에 더 많은 신경을 써야 했을 정도였다. 정말 150군데 정도 후원을 거절당했을 때는 온 몸의 힘이 다 빠져버리는 것 같았다.

　분명 '한미FTA' 주제만 놓고 보더라도, 대기업들에서 조금씩 관심을 가질 수 있을 거라고 믿었는데, 아이러니하게도 가장 냉정히 거절하는 곳이 대기업들이었다. 심지어 어떤 기업은 대학생단체라는 말 한마디만 듣고, 수화기를 바로 내리는 곳도 있었다.

　내가 만든 대학생단체는 그 의미의 순수성 때문에 법인이나 재단으로 만들 수가 없었는데, 아무리 자세히 설명해도 법인이 아니라는 이유로 단 번에 거절하는 기관이 대부분이었다.

　'요즘 대학생들은 너무 사회현상에 관심이 없고, 자기문제만 고민해서 좁게 생각하는 면이 있어 안타깝습니다.' 유명한 모 대기업 회장이 언론인터뷰에서 한 말이다. 나는 좋은 기회라고 생각하여 그 기업에 전화를 하였고, 진행하려는 행사내용에 대해 설명하며, 회장님과 면담을 요청했지만, 이곳은 아예 답변조차 해주지 않았다.

　물론 첫 번째 국제회의를 개최할 때처럼, 대학생과 젊은 세대의 의견을 사회에 전달하는 목적이 아니라, 대학생과 젊은 세대를 위한, 그들에게 사회의 중요한 이슈에 대해 알리고, 토론하는 목적이었기 때문에, 어떤 기관에서 도움을 선뜻 받기는 쉽지 않을 거라고 생각 하였다. 하지만 이렇게 조금도 도움을 기대하기 힘든 상황이라고는 미처 생각하지 못했었다.

　짧게는 10년 20년 후, 길게는 다음세대에 한국을 이끌어나갈 대학생들과 20대들의 비전을 위해 투자해달라는 내 목소리가 어느덧 너무 초라해지고 있었다.

　이러는 와중에도, 대학생들의 한미FTA반대시위에 대해 정치권은 연일 비판하였고, 소위 NGO라는 단체들에서도 한국 대학생들의 글로벌시각이 부족하다는 비난의 목소리를 내는 웃지 못 할 상황이 생기고 있었다. 언제 대학생들에게 FTA에 대해 진지하게 토론해보자는 말을 한마디라도 했던가, 아니면 대학생들의 무지를 비판하기 전에, 사안에 대해 관심을 가지도록 노력해 보았는가.

FTA뿐 아니라 대학생들과 젊은 세대가 사회적 문제에 관심을 가지고 참여를 한다면, 무조건 '잘 알지도 못하면서 나선다' 라고 생각하는 기성세대와 사회의 시선은 내 가슴을 더욱 답답하게 하였다. 이런 모습이 한국사회 전반의 분위기라면, 당연히 대학생들 스스로 점점 사회문제에서 관심이 멀어지고, 개인적 능력개발과 문제들에만 더 신경 쓰게 되는 것이었다.

나는 지식을 배우고 사회에 나갈 준비를 하는, 준사회인으로써 대학생들에게 사회적 여러 이슈에 대한 균형 잡힌 시선과 관심은 반드시 필요하다고 생각하였다.

어떤 내용에 대해 자기주장은 확실히 하더라도, 그것이 단지 이념적이고 정치적 신념에 의해서만 결정된 주장이라면, 전체적인 사회를 직접 느껴보기도 전에 이미 균형을 잃어버리는 것이기 때문이다.

그래서 가급적이면 중요한 사회 이슈에 대해서, 학교에서 배우는 토론수업뿐 아니라, 전문가들과 직접 만나고, 대화하고 많은 것을 느낄 수 있는 행사들이 필요하다고 생각하였다. 이런 일들은 사회적으로 많은 관심과 후원이 있어야만 가능한 일들이었다.

대통령선거와 국회의원 선거 때만 되면, 대학생들의 젊은 이미

지를 차용하기 위해 노력하는 정치인들과, 바뀌지도 않는 등록금 문제를 거론하는 정치권에서, 왜 정작 실질적으로 대학생들에게 필요한 것이 무엇인지 제대로 한 번 고민해보지 않는지, 정말 안타까웠다.

월드컵 거리응원 때만, 이것이 한국 젊은이들의 힘이라고 해외에 소개하고 자랑할 것이 아니라, 그들이 미래사회를 위해 균형 잡힌 시선과 생각을 가져나갈 수 있도록 도와주는 것이 사회에서 진정 해줘야 하는 일이었다.

어느 순간부터는 일자리창출과 경기부양, 등록금 인하라는 그럴듯한 구호만으로는 더 이상 젊은 세대들과 대학생들에게 비전을 제시할 수는 없게 되었다. 문제는 그들 스스로 점점 지쳐가고 도전해 볼 '희망'조차도 잃고 있다는 것이다. 나는 대학생들이 비전이 보이지 않는 환경으로 인해 스스로 희망을 잃는 다는 것은, 결국 많은 사회문제에 대해 비관적이고 비판적이 될 수밖에 없는 원인이 된다고 생각한다.

2005년과 2006년에 만난, 수백 명의 사회, 정부, 지식계의 리더들에게 내가 끊임없이 말하고 외쳤던 내용이다. 그리고 수천 명의 대학생들에게도 희망을 가져야 한다고 외쳤던 내용이었다.

나는 정말 많은 노력과 인내가 필요했고, 오랜 시간이 걸렸지만, 끊임없는 설득 끝에 2005년과 그 이듬해, 몇 번의 큰 강연회와 프로젝트, 행사 개최에 정부와 경제단체들의 지원을 받을 수 있었다. 그리고 그들이 도와준 후원금은 몇천 명의 대학생들에게 비전과 희망이라는 이름으로 고스란히 전달되었다. 아니, 오히려 그 후원금을 몇 배의 희망으로 싹 틔울 수 있었다.

2006년 마지막 행사를 진행할 때에, 연합뉴스의 한 기자가 나에게 물었다.

"현재 대학가의 전반적인 분위기가 취업전쟁이라고 할 만큼 개인의 스펙과 능력 향상에 많은 노력과 시간을 투자하고 있는데, 오늘 이런 행사에 많은 학생들이 참여해서 조금 놀랍네요. 어떤 의미가 있다고 생각합니까?"

"기자님 말씀이 맞습니다. 지금은 개인 능력을 매우 중시하는 정말 무한경쟁의 시대인 것 같습니다. 당연히 대학생들이 사회의 여러 현안에 대한 생각보다는 자기개발에 더 많은 고민과 노력을 하고 있는 것이고요. 하지만 이런 고민과 현상은 대학생 스스로 만들어 낸 것은 아닙니다. 예를 들어, 경제상황 악화에 따른 고용시장의 불안정, 너무 많은 비용을 요구하는 입시위주의 경쟁교육 등은 결국 대부분 사회가 만들어낸 어려운 환경과 상황들입니다.

지금 한국사회는 그 어느 때보다도 국제사회의 경제, 정치, 문화의 영향을 많이 받고 있는데, 제 생각에는 이런 영향들이 불과 몇 십 년 안에 사회 곳곳에 구체적으로 나타날 것 같습니다. 그 때 한국을 이끌고 있을 세대를 생각한다면, 결국 지금 20대와 대학생, 젊은 세대들입니다. 현재 사회 환경에 가장 많은 영향을 받고 있지만, 동시에 미래 환경에서도 많은 영향을 받아야 하는 세대인 것입니다. 그래서 우리가 만들어 나가야 할 환경에 대해 조금 더 관심을 가지고 생각해 보는 것이 좋다고 생각합니다. 왜냐하면 그때, 또 다시 힘든 환경과 상황 속에서 지금보다 더 많은 고민을 할 수는 없기 때문입니다."

내 대답을 들을 그 기자는, 많은 부분 공감한다는 대답과 함께, 앞으로 내가 하는 일들에 더 많은 응원과 후원이 있길 진심으로 바라겠다는 말을 해주었다.

만약 그 날 기자분이 나에게 한 가지 질문을 더 하고, 나에게 질문 선택권이 있었다면, 아마 내가 가장 듣고 싶었던 질문은, '그럼 지금 대학생들에게 꼭 필요한 것 중 사회에 요구하고 싶은 것이 있다면 무엇일까요?' 였을 것 같다.

이 질문에 대한 대답은, 내가 언제나 사회 각계 리더들을 만날 때 꼭 하는 말이다.

'한국 젊은 세대와 대학생들이 각자가 처한 환경 때문에 비전을 포기하지 않도록, 그리고 항상 희망으로 나갈 수 있도록 비전에 대한 투자가 필요합니다.'

1500장의 명함

2006년 연말, 나는 그동안 제대로 분류하지 않고 보관해왔던 명함을 종류별로 정리하고, 한동안 서로 연락하지 못했던 분들과 통화도 할 겸해서, 큰 명함첩에 다시 정리하게 되었다.

그동안 개인적으로 국제관계와 세계경제 등 주요관심분야에 대한 활동을 할 때와, 대학생들과 20대를 위한 행사를 개최할 때 등. 여러 상황에서 만난 수많은 사람들의 명함을 나누어 정리 하다 보니, 정말 신기할 정도로 많은 사람들을 만났다는 생각이 들었다.

하루 시간을 꼬박 내어 모든 명함을 분류 별로 깔끔히 정리하였는데, 놀랍게도 그 수가 1500장에 이르렀다. 단편적인 계산만을 해본다면 2004년 3월부터, 2006년 12월까지, 34개월 동안 이틀에 세 명꼴로 새로운 사람을 만난 셈이었다. 어떻게 보면 세일즈를 하는 사람처럼, 매일 새로운 사람을 만나는 일이었다고도 할 수 있었다.

한 장씩 명함을 보면서, 명함 아래에 '이 사람은 언제 어디서 어떻게 만난 사람이다.'라고 기록을 하였다. 그리고 그 사람과의 특별한 에피소드가 있으면, 따로 공책에 또 적어두었다.

3년 가까이 여러 활동을 하면서 불가능할 것이라고 생각했던 상상할 수 없는 놀라운 성과들을 이루었다. 뿐만 아니라 수치화 할 수 없는 무형의 성과들은 더욱 많았다.

그런데 명함을 하나씩 정리하면서, 나에게 또 하나 정말 소중한 자산이 있다는 것을 새삼 느끼게 되었다. 당연한 것이었지만, 어느덧 자연스럽게 느껴져 버린, 명함첩 속에 있는 1500명의 소중한 인연들이었다. 명함을 미처 서로 교환하지 못했던 사람들까지 생각한다면 더욱 많은 사람들과의 인연이 나에게 차곡히 남아있었다.

청와대, 백악관, 외교통상부, 미 국무부와 같은 '정부기관', UN, OECD, IMF와 같은 '국제기구', 'ICG, 아시아재단과 같은 '국제관련 단체', 참여연대, 경실련 등 여러 'NGO', 세종연구소, 브루킹스연구소, 헤리티지 재단 등 '싱크탱크와 연구소', 무역협회, 전경련, 대한상의, 주한미국상공회의소 같은 '경제단체', 그리고 '학계'와 수많은 전문가, '언론사'와 '기업관계자', '대학관련 단체들'까지, 정말 많은 사람들과의 인연이 하나씩 모두 명함 속에 기록처럼 담겨져 있었다.

생각해보면 특별한 에피소드도 많이 있었다.

어떤 의원은 처음 만났을 당시, 특별한 직업이 없다는 농담 같은 말과 함께 조그만 종이에 연락처를 적어 주셨는데, 시간이 흐른 뒤 여당의 국회의원으로 당선되어 활발한 정치활동을 하고 계셨고, 홍정욱 헤럴드미디어 사장은 회사연락처 밖에 없는 깨끗한 명함에, 본인 핸드폰과 집 번호까지 직접 적어 건네주는 정성을 보여주셨다.

빌 클린턴 대통령을 뵈었을 때도 재미있는 에피소드가 있었다. 내 명함을 드렸는데, 본인은 명함이 없다고 하시면서, 대신 내 명함을 한 장 더 달라고 하시고, 그 위에 서명을 하여 돌려주셨다. 내 명함이 순식간에 빌 클린턴 대통령의 명함으로 변하는 순간이었다.

크리스토퍼 힐 주한미국대사는 만날 때마다 명함을 주셔서, 나에게 대사 명함이 다섯 장이나 되는 웃지 못 할 상황이 생기기도 하였다. 여섯 번째 명함을 주시려는 순간, 다섯 장의 명함을 이미 잘 보관하고 있다는 설명을 드려, 같이 크게 웃었던 기억도 있다.

반기문 장관에게는 이메일로 자주 연락을 드렸었는데, 장관이 직접 명함 속에 적힌 메일 주소로 연락을 해달라는 말씀을 하셔서, 더욱 기억에 남는 명함이 되었다.

윤광웅 국방장관은 장관으로 임명되시고, 불과 일주일이 지난 뒤에 만나게 되어 갓 만들어진 '따뜻한' 명함을 받기도 했었다.

조금 신기한 명함도 있었다. 어떤 분을 행사장에서 만나서 인사를 나누고, 명함을 교환하였는데, 명함 위에 이름과 핸드폰 번호 외에 아무것도 적혀 있지가 않았다. 궁금한 마음에 이유를 물어봐도 특별한 대답을 해주지 않았고, 한참 나중에서야 알게 되었지만 그 분은 비밀을 유지해야 하는 국정원 직원이었다. 그리고 한 번은 단순히 대사의 운전기사로 알고 있었던 분이, 얼마 후 명함을 받고 보니까, 인터폴Interpol(국제형사기구)의 요원인 경우도 있었다.

이 외에도 내가 간직한 1500장의 명함 속에는 정말 기억에 남을 만한 수많은 이야기와 기록들이 녹아있다. '이스턴 프라미시스 Eastern. Promises'(동쪽의 약속)라는 영국영화를 보면 '세월의 흔적만큼의 값어치'라는 명대사가 나온다. 그 대사처럼 나에게 명함 속의 인연은 모두 기억이 남아있는 소중한 흔적이었던 것이다. 물론 그 분들 대다수는 여전히 연락을 하고, 가끔 만나기도 한다는 점에서 과거형이 아닌 현재 진행형의 가치라고 할 수 있다.

어떤 것과도 바꿀 수 없는 명함들이 주는 가치는, 명함첩 속의 추억으로뿐 아니라, 살아있는 인연으로서 여전히 나에게 중요한 의미를 주고 있는 것이다.

그 날 나는 나에게 있어 간직된 명함들이 모두 소중한 의미와 가치를 가지고 있듯이, 내 명함 역시, 전달된 누군가에게 소중한 의미와 가치가 될 수 있는지를 곰곰이 생각해 보았다.

그러면서 내 명함이 누군가에게 기억 속의 흔적뿐 아니라, 언제나 연락할 수 있는 가치를 가지려면, 현재와 미래의 내 모습이 무척 중요할 것이라고 생각 하였다. 그것은 내가 하루하루를 어떻게 보내고, 어떻게 노력하며 지내느냐에 따라 내 명함의 가치가 빛날 수도, 혹은 퇴색될 수도 있다는 의미였다.

이처럼 3년의 시간 동안 내가 주고받은 수많은 명함들은, 한 장 한 장이 모두, 시간의 흔적과 과거의 기억뿐 아니라, 현재와 미래의 삶에 중요한 의미를 알려주는 훌륭한 교훈으로 나에게 남아 있었다.(2009년 현재, 내가 인사를 나누고 받은 명함은 '2600장'이 되었다.)

세 달 만에 인턴에서
서울시 홍보정책 담당으로

2005년 5월 나는 비전에 조금 더 가까이 가기 위해, 꼭 필요하다고 생각한 몇 가지 계획을 세우게 되었다. 그 중 한 가지가, 시스템이 갖추어진 사회조직에 참여해 보는 것이었다.

나는 불과 1년 6개월 만에 한국대학생정치외교연구회를 전국 37개 대학교, 2000명의 대학생회원이 활동하는 전국 최대의 대학생 단체로 만들었다. 그리고 많은 대학생들에게 희망을 전달하는 일을 시작하였다. 하지만 비전을 만드는 일들은 대학생 신분뿐 아니라, 사회시스템의 일원이 되어 더욱 구체적으로 이뤄 나가야 한다고 생각하였다. 더 많은 일들을 하기 위해 스스로의 성장과 경험도 반드시 필요했기 때문이다.

그런 생각을 하던 중 나에게 좋은 기회가 생기게 되었다. 서울특별시 홍보과의 인턴 공고가 나왔는데, 자격요건과 내용이 나에게 잘 맞았던 것이다. 시정 홍보업무를 하는 것이었기 때문에, 서울시라는 거대 조직의 전체적 부분도 파악할 수 있었고, 무엇보다 창의적인 기획을 할 수 있는 일이어서, 내가 가진 여러 경험들을 잘 활용할 수 있을 것 같았다.

두근거리는 마음으로 인턴모집에 응하였는데, 단 한 명이 선발 예정이어서 경쟁률이 무척 높았다. 긴장되는 마음으로 하루하루 기다렸지만, 홍보인턴으로 맹활약할 상상을 하면 금방 얼굴에 미소가 지어졌다. 며칠 후 합격공지란에 내 이름이 있는 것을 보고, 정말 참여하고 싶었던 그 기회를 잡게 되어 뛸 듯이 기뻤다. 상상하던 홍보과 인턴에 선발 된 것이다.

비록 인턴이었고 특별히 책임 있는 일이 주어진 것은 아니었지만, 나는 아주 작은 일이라도 주어진 모든 업무에 최선을 다하였다. 그리고 최대한 시간을 활용하여 시청에서 있는 시간 외에는 개인적인 활동들과 연구회 활동도 병행해서 활발히 추진하였다. 서너 가지 일을 한꺼번에 한다는 것이 매일 저녁 녹초가 될 정도로 힘들었지만, 새로운 기회가 주어지고, 여러 경험을 같이 할 수 있다는 것 자체에 정말 감사한 마음이 들었다.

그런 와중에도 지식을 쌓고 싶은 마음에, 하반기 대학원 진학까지 준비하며 저녁에는 여러 책들을 읽고, 부족한 공부를 하였다. 그렇게 정말 바쁘게 땀 흘리는 하루하루를 보냈고, 인턴으로 일한 지 어느덧 두 달째가 되던 7월이었다.

나는 흥분되는 또 한 번의 도전 기회를 맞이하게 되었다.

내가 일하고 있는 인턴 자리를 대신해 정식 계약직 공무원을 선발하는 모집공고가 나왔던 것이다. 사실 그 공고 자체만 본다면,

내 인턴 자리가 없어지는 것이기 때문에, 분명 나에게 좋은 소식은 아니었다. 하지만 나는 그 순간 반대로 생각하고 있었다.

드디어 인턴이 아닌, 정식 공무원으로 일할 수 있는 기회가 왔다고 생각한 것이다. 경쟁률은 인턴 선발 때와는 비교할 수 없을 정도로 치열하겠지만, 나는 그런 강한 도전의 기회가 오히려 기쁘고 즐거웠다. 그리고 또 한 가지 기뻤던 것은, 기본적인 홍보정책을 정식으로 담당하고 업무시간에 유연성이 있는 직위였기 때문에, 대학원 생활과 개인 활동들도 함께 할 수 있는 정말 잘 맞는 조건이었다.

나는 모집기간에 맞추어 가장 먼저 원서를 접수하였다. 그리고 며칠 후 서울시 홈페이지에서 서류심사가 통과 된 것을 확인할 수 있었다. 기쁜 마음에 가슴이 두근거리고 뛰어서 인턴으로 일하는 매 순간 순간이 너무 짧게만 느껴졌다.

면접심사를 보는 날에, 그동안 같은 사무실에서 일했던, 홍보과장과, 복도에서 가끔 인사만 드렸던 홍보국장이 나와 계셨다. 두 분께 정중히 인사 드리고, 그동안 내가 이곳에서 일한 것에 대한 어떠한 표시도 내지 않은 채 최대한 겸손하게 대답하였다. 그리고 기회를 주신다면 정말 최선을 다해서 일하겠다는 말씀도 드렸다.

면접장에서 나오는데, 과장이 나를 보면서 한 마디 덧붙이셨다.

'김정훈씨는 그동안 일한 것 보다 더 열심히 할 수 있을 지 걱정인데? 매사에 너무 열심히 하는 모습이 참 보기 좋았어요.' 웃으면서 과장이 하시는 그 말씀을 듣자, 감사하고 기쁜 마음에 조금은 긴장이 풀렸고 발걸음이 가벼워졌다.

일주일 후, 서울시 홈페이지에 공고가 나왔다.

'서울특별시 홍보정책요원 응시결과발표, 지방 계약직 ○급. 응시번호 ○○○번 김정훈' 합격.

그 순간은 정말 뭐라고 표현하기 힘들 것 같다. 어떻게 보면 말단에 가까운 위치에, 적은 보수를 받는 공무원이 된 것이지만, 모든 조건과 모든 상황, 모든 내용이 나에게는 최고의 직급, 최고의 순간, 최고의 내용으로 생각되었기 때문이다.

임용되어 일하게 된 첫 날부터 나는 기존 인턴 때보다 더욱 열심히 일하였다. 이미 몇 달을 인턴으로 경험하였기 때문에, 새삼스럽게 처음부터 업무 스타일을 익힐 필요는 없었다. 하지만 기존과는 다른 몇 가지 책임 있는 일을 맡게 되었다.

나는 그 일들을 차근차근히 내가 할 수 있는 범위 내에서 좀 더 창의적인 생각을 넣어 결과를 만들려고 노력했다. 조금씩 내가 맡은 일들에서 긍정적인 결과가 나오자, 정말 하루하루가 기쁨과 열정으로 가득 차게 되었다. 물론 어렵고 힘든 업무도 있었고, 때로는 원치 않게 동료들의 오해를 사기도 하였지만, 모든 것이 나에게는 특별한 경험과 배움이었다.

그렇게 한 달의 시간이 더 흘렀다.

어느 날 과장이 불러서 갔는데, 한, 두 가지 당부 말씀을 해 주시고는, 국장 방으로 가보라고 하셨다. 국장은 그동안 내가 시청에 들어와 한 일들에 대해 여러 가지 질문을 하셨고, 하나씩 차분히 모두 대답하자 갑자기 조금 놀라운 말씀을 하셨다.

시장 비서관실로 올라가서 일해 보라는 것이었다.

도전력

그동안 여러 업무성과의 우수성이 인정되니, 비서관을 모시고 좀 더 적극적이고 다양한 홍보정책업무를 해보라는 국장의 지시였다. 놀라움과 기쁨에 쉽게 발이 떨어지지 않았다.

시청에 들어와서 인턴으로 업무를 시작한 지 두 달 만에, 서울시의 정식 공무원이 되었고, 그리고 또 한 달 만에 비서관을 모시고 시의 홍보정책을 담당하는 직원이 되었던 것이다.

그 때 내 나이는 겨우 만 스물네 살이었다. 정말 '겨우' 라는 말을 할 수 있을 정도의 어린 나이였다. 사회조직을 경험해 보자는 생각을 가진 뒤 정확히 석 달 만에, 서울시와 같은 모든 면에서 크고 방대한 조직에서 책임 있는 하나의 임무를 맡게 된 것이다.

그 무렵 또 한 가지 기뻤던 일은 대학원에도 합격하게 된 일이다. 정말 많은 일들이 한꺼번에 다가왔다. 시청의 홍보정책담당으로, 대학원 석사과정으로, 연구회의 회장으로, 그리고 열정적인 민간외교관으로. 나는 그 어느 해보다 감동적인 가을을 맞이하고 있었다.

나는 홍보정책업무 중에서 특별히, 젊은 세대와 대학생들에게 서울시를 홍보하는 내용을 구상하였다. 기존의 내가 활동한 분야와 관심사를 효과적으로 활용해 보고 싶었기 때문이다.

업무의 특성상 외근을 할 수 있었는데, 정말 다양하고 많은 대학생들과 젊은 세대를 만나면서 그들의 생각과 고민을 듣게 되었다. 시에서 그들에게 할 수 있는 어떤 가능한 내용들이 있다면, 적극적으로 대학생과 젊은 세대의 입장에 서서 대변하고 정책을 제안하였다.

나 역시 분명 그들과 똑같은 20대이자, 학생이고, 젊은 세대였다.

나의 본 임무인 서울시 정책을 알리고 홍보하는 것도 중요했지만, 그 대상의 마음을 정확히 이해하고 읽지 못한다면, 홍보나 정책을 시행하는 것은 아무런 효과가 없다고 생각하였다. 그러한 과정에서 나는 그동안 내가 개인과 학생단체의 리더로써만 바라보았던 대학생과 젊은 세대의 모습을 또 다른 측면에서 경험하며 볼 수 있었다. 중요한 사회 조직의 일원으로써 바라보는 모습은 분명 더 많은 것을 생각하게 해주었다.

정책적으로, 또는 구조적으로 한국의 젊은 세대에게 어떤 것들이 필요하고, 제공되어야 하는지, 또 반대로 그들이 가진 능력과 에너지를 제도적으로 어떻게 조화해야 하는지. 여러 가지 새로운 방법들이 내 머리와 마음속을 채우고 있었다.

공직에 참여하면서 나는 국가와 거대 사회 시스템이, 국민과 시민 그리고 각 계층과 세대에 어떠한 영향을 줄 수 있는지 배우게 되었다. 그리고 반대로 그러한 시스템과 국가가, 국민과 시민들이 어떤 모습으로 있느냐에 따라 정말 하나부터 열까지 다양하게 달라질 수 있다는 것도 알게 되었다.

스물 다섯의 나이에, 나에게 새로운 도전이었던, 공직시스템 경험은 그동안 내가 한 모든 경험과 특별한 상황들을 체계적으로 하나씩 퍼즐 맞추듯이 잘 다듬게 해주는 과정이 되었다.

그리고 무엇보다, 공직의 범위 안에 있는 내 비전을 가장 낮은 자리에서부터 차근히 경험하게 됨으로써, 더욱 특별한 의미를 주었다.

20대와 젊은 세대의 리더로써, 대학원생으로, 그리고 공직에 있는 공무원으로 서로 다른 시선을 가지고, 사회와 사람들을 바라볼 수 있었던 경험은, 스물 다섯 살인 나에게 생각의 폭을 넓혀주었고, 동시에 미래를 설계하는데 있어 중요한 초석이 되고 있었다.

새로운 도전, 정치참여 그리고 고민

2006년이 시작 되면서, 나는 한 가지 깊은 고민을 하게 되었다.

내가 한 많은 활동들이 수차례 기사화 되면서, 여러 사람들에게 알려지게 되었는데, 이 때문에 나를 알게 된 몇몇 분들이 나에게 진지하게 정치참여를 권유하셨기 때문이다.

사실 전혀 생각지 못한 의외의 일이었기 때문에, 이런 권유를 어떤 식으로 이해하고 해석해야 할지 무척 난감하였다. 더군다나 그동안의 모습이 정치적인 의미를 담고 있거나, 그럴만한 이슈도 전혀 아니어서 더 고민스러울 수밖에 없었다.

아마도 내가 한 활동들이 정치권에 있는 분들에게 상징적으로 의미 있게 보여 진 것 같았다.

사실 빌 클린턴 대통령께서 내게 조언해주셨던, '선거 캠페인에 참여해 보라'는 말은 늘 마음속에 염두 해 두고 있었다. 그래서 언젠가 기회가 생기고, 목적이 명확해진다면 정치와 관련된 일에 참여하겠다는 생각도 막연하게 하고 있었다.

하지만 구체적으로, 언제 어떻게 왜, 정치에 참여 할지는 단 한 번도 진지하게 생각해 본 적이 없었기 때문에 그러한 권유들은 나에게 정말 고민스러운 일이었던 것이다.

국제사회 속 한국의 역할과 국제관계에 대한 궁금증으로 시작된 나의 활동이, '젊은 세대와 대학생들의 비전과 희망' 이라는 또 다른 시각으로 접근하게 되었고, 한국의 젊은 세대가 한국사회와 국제사회에서 어떤 모습으로 성장할 수 있을 지에 대한 고민으로 폭 넓어지게 되었는데, 이제는 전혀 새로운 도전 앞에 서게 된 것이다.

공직에 들어서며 내가 가졌던 국가에 대한 가치관이 한층 명확해졌고, 동시에 젊은 세대와 대학생을 이해하는 깊이도 더욱 깊어져 가고 있었다. 이러한 때에 나에게 정치는 분명 특별한 기회이고 도전이었다. 하지만 이런 상황만으로 내가 정치적인 어떤 행동과 사고를 하기에는 위험하고 불안하였다.

나는 스스로에게 '왜'라는 질문을 하루에 수 십 번씩 던지며, 내가 하는 활동들이 나타낼 수 있는 영향력과 그런 일들이 내 비전과 소명에 어떤 관계가 있을 지 생각하고 고민하게 되었다.

주변의 여러 친구들과 의논하기도 하였고, 현명한 지혜를 줄 수 있는 리더들을 찾아 뵈며 답을 구하기도 하였다.

이런 과정을 거치며 한 가지 느낀 것이 있었는데, 내 고민과 일련의 행동들에 큰 문제점이 있다는 것이었다. 그것은 스스로 필요하고, 정확한 비전을 향해 나가는 계획 속에 내가 적극적으로 생각하고 움직이는 것이 아니라, 누군가의 권유로 불명확한 고민을 하며 애써 답을 구하려고 움직이고 있다는 것이었다. 이것은 분명 지금까지 내 생각이나 행동과는 상당히 거리 있는 모습이었다. 늘 분명한 목적의식을 가지고 움직이던 이전의 내 모습이 욕심으로 변질되고 있었던 것이다.

이후로 더 이상 고민을 하지 않았고, 지금은 내가 준비되어 있지 않다는 사실을 알게 되었다. 스스로에게 부끄럽기도 하고, 조금 실망스럽기도 하였지만, 나는 내 삶이 단편적인 조각들로 이어져가기 보다는 넓고 커다란 도화지 속에 멋진 수채화를 그릴 수 있길 바라고 있었다.

이런 고민의 과정에서 한 가지 큰 수확이 있었다면, 처음으로 정치참여에 대해 진지한 고민을 하면서 내가 생각하는 비전에 가깝고 명확해 질 수 있었다는 것이었다.

그 후로 두 달의 시간이 지났고, 2006년 5월이 되면서 내 비전을 향한 과정이 새롭게 계획되어 간다는 것을 느낄 수 있었다.

6월에 있을 전국지방선거에서 대학생들의 선거운동참여가 마치 2002년 대선 때처럼 열정적인 것을 보면서, '젊은 세대의 시선이 변화의 새 물결을 만드는 중심이다.' 라고 생각했기 때문이다.

이 모습을 지켜보면서 결국 세상을 크게 변화시킬 수 있는 구심점 중에 하나가 '정치' 라는 것을 깨닫게 되었다. 정치라는 큰 테두리 안에, 경제와 외교, 국제관계, 사회문제 등 모든 중요한 이슈들이 함께 포함되는 것이었다.

처음 판문점을 방문 했을 때부터 막연히 생각하고 느꼈던 내 비전이 이제는 목적과 방법이 보다 뚜렷하게 정립될 수 있었다. 미래 한국이 국제사회 속에서 더욱 많은 역할과 중요한 국가로 성장하기 위해, 어떤 모습이던지 내 작은 힘을 기울기겠다던 비전이 비로써 정확한 방법론을 찾게 된 것이다.

놀라울 정도로 활발한 민간외교 활동과, 대학생과 젊은 세대의 리더로써 같은 세대에 희망과 비전을 나누었던 경험, 그리고 국가에 대한 사명의식을 가졌던 순간, 시민과 사회에 봉사하며 나 같은 젊은 세대의 생각이 사회적으로 반영될 수 있게 노력했던 공직경험. 여러 과정과 경험을 거치며, 드디어 내 비전에 대한 구체적인 방법과 길을 찾게 된 것이다.

나는 사회와 국가를 변화시킬 수 있는 큰 힘인 젊은 세대의 창의적인 시선을 정치에 대변하기로 생각하였다. 그래서 만약 향 후 내가 한 정치적인 일들이 진정한 변화를 가져 올 수 있다면, 더 큰 새로운 도전을 기꺼이 받아들여야 한다고 생각했다.

나는 아주 신중히 고민하였고, 가장 새로운 변화와 혁신을 가져 올 수 있는 후보를 돕기로 하였다. 그래서 내 생각에 대한 믿음 있는 답변을 스스로 구해야겠다고 마음먹었다. 이 과정에서 우세한 여론으로만 판단하지 않고, 가장 미래지향적인 정책을 시행할 수 있는 후보를 지지하기로 하였다.

2006년 5월 중순, 약 1년간의 짧지만 많은 것을 느끼고 배웠던, 서울시청 공무원직을 과감히 그만두었다. 아쉽고 고민스러운 결정이었다. 하지만 도전의 기회가 온 이상 정체되어 있을 수는 없었다. 굳은 마음이 서자 새롭게 계획 한 일을 망설임 없이 바로 다음 날부터 시작하였다.

며칠 후 나는, 당시 가장 신선한 변화를 외치고 있었던 한 후보를 도와야겠다고 생각 하였다. '변화'를 느끼는 것은 개인별로 다른 지극히 주관적인 부분이지만, 생각한 분은 서울시장 선거 이전부터 개인적으로 알고 있었던 분이었고, 그 분의 철학과 비전에 많은 부분 공감하고 있었다. 다만 조금 불안했던 점은 과연 내 선택에 대한 후회를 하지 않을 자신이 있냐는 것이었다.

그동안 한국 정치사를 보면 국민이 지지하고 환영하여 선택한 지도자들 중에, 처음 지지 그대로 존경 받았던 정치가는 단 한 명도 없었기 때문이다. 분명 그 정치가들은 공과가 있겠지만, 결국 국민의 기대감과 수준에 도달하지 못했던 부분은 크게 아쉬운 부분이었다.

나는 그 후보를 어떤 방법으로 도울 수 있을지 많은 고민을 하였다. 시청에 일은 그만두었지만 정식 의원면직이 되지 않은 상태여서, 아직까지는 직접적 도움을 드릴 수 없었다. 그리고 또 한 가지 고민은 선거에 승리하더라도, 그 후 4년간의 서울시장 재직기간에 공과를 미리 예측할 수가 없다는 점이, 여러 근본적 생각들을 같이 하게 되었다.

선거기간 동안 나는 내 주위사람들을 통해 캠프 사람들과 이벤트를 기획하고, 아이디어를 제공하는 수준의, 기초적인 방법으로 참여하였다. 간접적인 참여 상태에서 내가 하는 행동에 대해 더욱 신중을 기하려고 노력하였다. 직접적인 정치행위를 시작하게 되면 행동에 대한 책임을 져야 하기 때문에 조심스럽게 접근했던 것이다.

새로운 변화를 주기 위해, 나는 주로 젊은 세대와 대학생들의 시각에서 본 사회의 모습을 캠프에 전달하려고 하였다. 내 아이디어를 구체적으로 기획한 사람들이 대학생 정책 공약집을 만들어 후보에게 전달하였고, 젊은 세대가 사회에서 각자 역할과 비전을 찾을 수 있게 여러 아이디어를 제공하기도 하였다.

캠프 안에 참여하지는 않았지만, 몇 가지 후보의 모습에서 내 제안이 실질적으로 나타나는 것을 느끼면서 새로운 도전에 대해 점점 의미를 가질 수 있게 되었다.

2006년 5월 31일 지방선거에서 오세훈 후보가 60%가 넘는 지지율로 33대 서울시장에 당선되었다. 선거가 끝나고 캠프에 있던 분과 식사를 같이 하게 되었는데, 그분은 나에게 좋은 아이디어들을 전해 준 것에 고맙다는 말씀을 하셨다. 나는 그 말씀에 대해 이런 대답을 하였다.

"말씀은 감사 드립니다. 그런데 저는 직접적으로 선거활동을 하지 않았고, 또 꼭 후보님만을 위해서 도와드리려고 한 것은 아닙니다. 전 이번 선거를 통해 젊은 세대가 가진 창의적인 생각과 변화의 모습이 앞으로 4년간의 시정에서 반영되고, 그 변화의 생각들이 모여 하나의 혁신이 되길 바라는 마음에서 여러 고민을 함께했던 것입니다. 보좌관님이 이번 시정에 같이 참여 하시게 된다면, 꼭 제가 지금 한 이 말을 기억해주시면 기쁠 것 같습니다."

그 보좌관은 조금 신기한 듯이 나를 바라보며, 만약 자신이 참여하게 된다면 방금했던 내 말은 꼭 기억하겠다고 약속 하셨다.

나는 시청에서 나온 뒤 지방 선거를 지켜보면서 처음으로 정치에 대해 진지하게 고민하게 되었다. 그리고 나에게 이 경험은 직접적인 정치활동에 참여해 보겠다는 생각을 하게끔 하였다.

빌 클린턴 대통령이 내게 조언해주신 '선거 캠페인에 참여해보라' 라는 말을 드디어 적극적으로 실행 할 시기가 온 것이다.

나는 이 계획을 2007년 12월에 있을 대통령선거에서 실천하는 것이 가장 좋을 것 같다고 생각하였다. 대통령선거는 사회 전체와, 국가의 거시경제, 문화, 정치, 국제관계, 외교, 국민의 삶의 모습까지. 모든 면에서 변화를 줄 수 있는 가장 큰 전환점이기 때문이었다.

그리고 무엇보다 이번 대통령선거는 사회적으로 그 어느 때보다 젊은 세대의 시각을 많이 필요로 하고 반영하는 시기에 진행 되어서, 내 소명과 비전을 구체적으로 만들 수 있는 최고의 기회였다.

2002년에 시작된 20대와 젊은 세대의 힘, 그리고 온라인 문화와 빠른 시대변화의 힘이 2007년에는 어떤 변화의 물결을 만들어 낼지 정말 궁금하고 기대되었다.

나는 그 해 6월 정식으로 서울시 공무원직을 마치게 되었고, 그 동안 내가 해 온 모든 도전들보다 가장 크고 새로운 도전 앞에 서게 되었다.

여러 사람들의 적극적인 추천으로 대선 캠프 준비사무실에 직접 참여할 수 있는 기회를 가지게 된 것이다.

이 기회는 그동안의 도전들처럼 설레거나 두근거리기 보다는, 오히려 며칠 밤을 새다시피 진지한 고민을 하게 만들었다.

나는 많은 생각을 하는 과정에서 내 길이라는 확신이 들었고, 스스로 충분한 답을 얻게 되었다. 그리고 마침내 새로운 도전을 향해 첫 발을 내딛게 되었다.

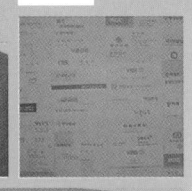

4
비전에 다가서다

당당함의 기초를 만드는 법

　2006년 6월, 나는 시청에서 나온 뒤, 대선출마를 준비 중이셨던 어떤 분의 개인사무실에서 일하게 되었다. 몇 달 후 본격적으로 생길 대선캠프의 전초기지 역할을 하는 사무실이었다.
　내가 맡은 역할은, 젊은 세대의 시선을 최대한 사실적으로 사무실에 전달해주는 일이었는데, 한 마디로 이 사무실에 20대와 대학생들의 마음도 자리 잡을 수 있게 하는 젊은 세대와 캠프 간의 가교 역할이었다.
　나는 이 사무실 안에서 일하는 유일한 20대였고, 가장 나이 어린 실무자였기 때문에 시간이 지나면서 내 행동 하나하나에 사람들의 시선이 많이 느껴지는 것을 알 수 있었다. 그랬기 때문에 매사 모든 일에 더욱 조심하고 신중 하려고 많은 노력을 하였다.
　하지만 아무래도 맡은 임무가 가장 젊고 역동적인 생각을 전달하는 일이어서, 의도치 않게 실수하고 튀는 모습을 보이기도 하였다. 그리고 시간이 조금 지나면서 어린 나이라는 점이 어느 정도 내 행동을 이해하고 정당하게 해줄 것이 라는 착각을 하게 되었다.

내 나이에 그동안 생활과 전혀 다른 '정치' 라는 특별한 세계의 경험은 어느새 내 마음 속에 자만과 교만으로 자리 잡고 있었던 것이다.

그러던 중에 나는 돌이킬 수 없는 큰 실수를 저지르고 말았다. 내 업무범위와 상관없는 다른 일에 관여하다가, 주변 참모 분들의 의사에 크게 어긋났던 것이다. 외부 유명인사의 메시지를 나 혼자 전달하는 과정에서 같이 일하는 어른들의 감정을 상하게 한 것이 있는데, 잘못을 느꼈을 때는 이미 내 입장을 이해해줄 사람이 주변에 아무도 없다는 것을 알게 되었다. 그동안의 내 행동들에 대한 냉정한 답이었다.

나는 어쩔 수 없이 세 달이 채 되지 않아서 사무실에서 나올 수 밖에 없었다. 그동안 아무리 어려운 일이라도, 하나씩 기적같이 이루어 왔던 나로 써는 만회하기 힘든 허탈한 실패였다. 아니 너무나 쓰디쓴 실수와 실패였다.

처음에는 나를 이해하지 못했던 주변사람들과, 무엇보다 어려움에 처했을 때 아무런 도움도 주지 않은 냉정한 동료들이 무척 원망스러웠다. 그리고 컨트롤 하지 못한 내 자신도 너무 안타깝고 원망스러웠다.

하지만 그렇게 나와서 나는 5개월이라는 긴 시간 동안을 스스로에게 끊임없이 질문하였다. 그리고 앞으로 어떤 일을 해야 할지 고민하게 되었다. 그런데 이상하게도 다른 일에 도전해야겠다는 생각보다는, 다시 한 번 내가 나왔던 그 자리에 재도전해야겠다는 생각을 굳게 가지게 되었다.

한 달의 시간이 더 지났고 6개월의 기다림 끝에 나는 사무실로 다시 돌아갈 수 있었다. 단순히 정치경험을 하고 싶어서 돌아간 것이 아니었다. 그 순간 비전을 향하는 가장 정확한 방법이라고 생각했던 이 길을 다시 한 번 제대로 도전해보고 싶었다. 개인적인 마음과 욕심뿐이었다면 내 마음은 힘들고 불편했을 것이다. 그러나 처음부터 늘 똑같은 한 가지는 내 비전이 내 개인을 위한 것이 아니라는 것이었다.

사무실로 돌아갔을 때 나를 다시 불러 주신 특보(특별보좌관)께서 한 가지 의미 있는 말씀을 해주셨다.

"정치권에서는 너처럼 어린 친구가 들어오게 되면, 대체로 세 가지 시선으로 본다. 물론 정훈군처럼 젊은 사람이 이런 곳에 들어온다는 것 자체가 아주 드물고 어려운 일이지만, 들어오게 되었다면 반드시 명심해야 할 말이야. 잘 새겨두길 바래.

첫 번째 시선은 일을 생각보다 잘할 경우인데 그럴 경우는 '젊은 친구가 너무 나선다'라고 말하게 되고, 두 번째 시선은 기대보다 일을 못할 경우인데, 그럴 때는 '어린 녀석이 공부나 좀 더하지, 무슨 정치판에 들어 오냐'라고 생각하지. 세 번째 시선은 사람들과 활발히 잘 지내며 대인관계가 좋아 보일 때인데, 이때 가장 무서운 평가를 하게 돼. 정훈이도 한 번쯤 들어봤을 말인데, '어린 놈이 너무 정치적이다'라는 평가야.

결국 어떤 모습을 가지고 있더라도 어린 나이에 이곳에 들어 온 이상 쉽게 좋은 평가를 받기는 힘든 일이야. 다만 유일하게 한 가지 좋은 평을 받을 수 있는 길은, 성실하고 겸손한 모습을 보일 때라는 거. 오늘 해준 말 꼭 기억하면서 앞으로 열심히 일하길 바란다."

가슴 가득 와 닿는 말씀이었다. 내가 그동안 왜 이런 내용을 한 번도 제대로 생각해 보지 못했던 것일까. 한 대 얻어맞은 듯이 머리가 멍해지며, 지난 번 처음 사무실에서 일할 때 모습들을 곰곰이 생각해보았다.

나는 모든 일에 가장 기본이 되는 중요한 가치를 잊고 있었던 것이다. 어떤 일을 의욕적이고 도전적으로 추진하더라도, 항상 그 바탕에는 겸손함이 있어야 한다는 것을 정확히 깨닫는 순간이었다.

'당당함은 겸손을 기초로 하여 만들어 진다는 것.'

나는 한 번의 실패를 겪고서야 이 의미를 깨닫게 되었지만, 자신의 꿈과 비전을 가지고 하루하루 살아가는 이 땅의 모든 젊은 세대와 대학생들이라면 늘 염두 해두고 반드시 생각해야 할 중요한 가치라고 말하고 싶다.

새벽 6시 30분 가장 먼저

　2007년 3월, 나는 다시 사무실에 돌아오게 되었고 두 번 주어지지 않을 기회에 무척 신중한 하루하루를 보내고 있었다.

　나는 그 전과는 다른 새로운 임무를 맡게 되었는데, 공보팀 소속이 되어 언론과 관련된 업무를 하게 된 것이었다. 물론 나는 이 팀의 막내로써 특보들이 하는 일을 도와주는 역할이었다. 그 중에 하나가 언론 모니터링 이었고, 이 일은 매일매일 보도되는 중요한 내용의 기사를 체크하고 아침과 오후에 오는 15개 신문을 보면서 관련기사를 스크랩 하는 것이었다. 특히 신문 스크랩은 아침 일찍 사무실에 나와서 신문을 받고, 한 장씩 넘겨보며 기사를 체크해야 하는 일이었다. 신문 한 면에 있는 수많은 기사 중에 우리와 관련 된 기사를 가능한 빨리 찾아내어 확인하고 후보가 한 번에 보실 수 있도록 표시해두는 식이었다. 그런데 생각보다 굉장한 시간이 걸렸다. 그래서 처음에는 그 짧은 아침시간에 조간 12개를 보는 일이 정말 진땀 나는 일과였다.

　나는 그 일을 맡은 후로 보통 오전 7시까지 출근하였는데 그 시간은 사무실에 두 세 명도 채 나오기 전인 이른 시간이었다. 하지만 내가 하는 속도로는 그 시간도 조금 늦다는 생각이 들었다. 그래서 나는 30분 더 일찍 6시 30분까지 출근하기로 마음먹었다.

　매일 아침 5시 10분에 기상하여, 잠자리를 정리 하고 씻은 후 옷을 깨끗이 다려 입고, 찬 바람을 가르면서 지하철역으로 향하였다. 5시 40분 지하철 첫 차를 타면 사무실이 근처에 있는 종각역에 도착할 수 있었다. 종각역에서 사무실이 있는 빌딩까지 약 100미터 정도 거리였는데, 나는 항상 역에서 내려 사무실까지 뛰어서 출근하였다. 시간에 맞추려면 1분이라도 일찍 도착해서 일을 시작해야 했기 때문이다.

　그렇게 해서 빌딩에 도착하면 경비실에서 키를 받고 사무실 문을 열고, 신문 보는 일을 시작했다.

　스스로 시작해서 결정한 일이었고, 어느 누구도 내가 그렇게 일찍 나온다는 것을 몰랐지만 가장 먼저 도착해서 사무실 문을 여는 그 기분은 이루 말할 수 없었다. 매일 아침마다 그 문을 열면서 내 가슴속에 형용할 수 없는 뿌듯함이 밀려왔다. 그 기분은 스스로 살아있음을 느낄 수 있는 식지 않는 내 열정과 기쁨이었다.

　한 달 정도 시간이 흐르고 4월 달이 되었을 때, 더 이상 그렇게 일찍 나오지 않아도 될 만큼 나는 그 업무에 충분히 숙달되어 있었다. 오히려 원래 출근했던 7시보다 더 늦게 나와도 될 정도로 여유가 있었다. 하지만 여전히 나는 6시 30분에 나오는 것을 멈추지 않

도전력

앉다. 그리고 종각역에 내려서 사무실까지 뛰어오는 일도 그대로였다. 스스로 결정한 일에 대해 자신과의 약속을 지키고 싶었기 때문이다.

매일같이 부지런히 일하는 중에 어느 날이었다. 아침에 사무실에 도착하여 일을 하는데, 얼마 지나지 않아 어떤 분이 사무실로 들어오는 것을 얼핏 보게 되었다. 내가 일하는 공보팀공간은 사무실 안에 또 하나 있는 작은방이었기 때문에, 일을 하고 있을 때는 밖에 어떤 사람이 있는지 자세히 알 수 없었다. 인기척을 느껴서 잠시 밖에 나가보았더니 비서실장님이 출근해 계셨다. 비서실장님은 사무실 모든 업무를 총괄하는 분이셨고, 평소에 인사 드리는 것 외에는 대화하기 힘든 분이었다. 실장님은 나를 보고 조금 놀라시더니, 왜 이렇게 일찍 나와 있냐고 물으셨다. 나는 맡은 일을 빨리 하기 위해 항상 이 시간 전에 나온다고 대답하였는데, 내 말을 들으시고는 약간 놀라는 표정이셨다.

이 시간에 누군가 사무실에 나오는 것을 처음 알았다는 것이다. 나에게 몇 가지 말씀을 더하시고 나서 정말 수고한다는 격려의 말을 덧붙여 주셨다.

7개월 전, 나는 사무실 어느 누구에게도 좋은 인상을 주지 못해 가슴 아픈 눈물을 흘리며 떠나게 되었다. 그런데 다시 들어 온지 한 달이 지난 뒤 '수고한다.'라는 말을 처음 듣게 된 것이다.

그 날 저녁 퇴근하면서 사무실에 들어온 후에 처음으로 차비 외에 다른 돈을 썼다. 나름 그 날을 기념하기 위해 종각역 앞 계란빵 파는 곳에서 빵 하나와 우유를 사먹었기 때문이다.

물론 그 이후도 나는 매일 새벽 5시 10분에 눈을 비비며 일어났고, 우리 사무실 문을 처음 여는 사람도 여전히 나였다. 실장님이 나에 대해 다른 분들에게 언급 하셨는지, 아니면 변화된 내 모습을 자연스럽게 느꼈는지 몰라도, 시간이 점점 지나면서 사무실 사람들의 시선이 따뜻해지는 것을 느낄 수 있었다.

혹시 어떤 일을 하는데 더디게 속도가 안 나거나 자꾸 막히고 있다면, 또는 나에게 냉정한 주변 사람들의 마음을 움직이고 싶다면 가장 좋은 해결방법이 있다.

작은 물방울이 한 방울씩 떨어져, 커다란 바위에 깊은 홈을 내듯, 매일같이 변함없는 노력을 한다면, 좋은 해결방법이 되는 것이다.

꿈을 향하는 모든 20대와 대학생들이 비전을 이루기 위해 반드시 가지고 있어야 할 두 번째 소중한 가치는 바로 '한결같은 성실함' 이다.

1초를 다투는 전쟁터, 대변인실

2007년 5월 10일, 우리 사무실은 정신 없을 정도로 바쁜 아침을 맞이하였다.

후보가 그동안 대선 참여 예정자 신분에서 공식적으로 대선 참가를 선언했고 또 당에 등록함으로써 정식 대선 예비후보가 된 날이었기 때문이다. 우리 사무실도 편의상 개인 사무실로 지칭하던 명칭이 대선 예비후보 캠프로 달라졌다.

그리고 또 한 가지 크게 생긴 변화는 정치의 중심이라고 불리는 '여의도'로 사무실을 옮기게 된 것이었다. 사무실이 이제는 본격적인 대선캠프 기능을 수행해야 하기 때문에, 공간도 충분하게 커지고, 정식 조직과 기구도 생겨야 했다.

12일, 며칠 동안 꼼꼼히 싸둔 짐들을 하나씩 차로 옮기기 시작했다. 두 달 동안 정들었던 사무실을 떠나, 드디어 여의도 새로운 캠프로 이사 가는 날이었다.

조금 긴장되는 마음으로 여의도에 도착하였다. 우리 캠프는 여의도 중에서도 정치의 거리로 유명한 대산 빌딩과 한양빌딩이 마주하는 길에 자리 잡고 있었다.

캠프로 이사 온 뒤 내게 가장 와 닿은 두 가지 변화는, 첫 번째로 제대로 된 내 자리가 생겼다는 점이다. 이 전 사무실에서는 좁은 방에서 특보들이 안 계실 때만 자리에 앉는 '메뚜기' 신세였는데, 이젠 정식으로 내 자리가 생기게 되었다. 성실함과 부지런함에 대한 작은 결과였던 셈이다. 그리고 두 번째는 그동안 공보팀이라고 불리던 팀 이름이 대변인실로 바뀌었다는 것이다.

대변인실로 바뀜에 따라 각 언론사 기자들이 출입할 수 있는 기자실도 생겼고, 브리핑을 할 수 있는 시설도 만들어지게 되었다.

짐들이 어수선하게 놓여 졌던 캠프 내부가 이틀에 걸쳐 모두 깔끔하게 정리되자, 본격적인 캠프 멤버 구성과 업무분장이 시작되었다. 내가 있는 대변인실은 국회의원 두 분과, 당협위원장 한 분이 대변인으로 새로 임명되셨고, 원래 있던 공보특보 세 분과 더불어 한 분이 더 합류하게 되었다. 그리고 국회의원 대변인과 함께 온 두 비서관까지 총 12명이 한 팀으로 구성되었다. 내가 사무실에서 처음으로 공보팀에 들어갔을 때 특보 두 분과 나까지 세 명에 불과했던 것에 비하면, 인원이 무척 많아지게 된 것이다.

나는 캠프 전반을 잘 알면서 동시에 대변인실에서 가장 오래 된 멤버였고, 또 가장 나이 어린 사람이었기 때문에 특보들과 대변인의 손과 발이 되는 실무자로서 역할을 하게 되었다. 그리고 중요한 몇 가지 일들이 내 책임으로 함께 주어지게 되었다.

도전력

내가 맡은 주요 업무는 크게 네 가지였는데, 첫 번째는 기자들에게 보도 자료를 보내고, 캠프 출입을 위해 기자들이 필요로 하는 내용을 도와주는 일이었다. 쉽게 설명하면, 캠프에서 공식적으로 언론에 나가는 모든 내용을 출입기자들에게 전달하는 일과, 기자들의 캠프 출입을 위해 필요한 여러 행정적인 일을 도와주는 캠프의 관문과도 역할이었다.

두 번째는 기자들이 후보를 동행취재 하게 될 때 생기는 여러 업무를 처리하는 일이었다. 가령 후보가 부산을 방문하게 된다면, 그 일정을 알려주고, 일정에 맞게 기자들이 움직일 수 있는 동선을 파악하고, 차량과 비행기 등을 지정하고 안내해주는 일이었다.

세 번째 업무는 캠프에서 언론에 알려야 할 긴급한 발표내용과 일이 있을 때 그 상황과 내용을 최대한 빨리 기자들에게 전달하는 역할이었다.

그리고 마지막 네 번째 업무는 반대로 기자들에게서 들은 각종 유용한 정보와 내용을 캠프에 전달하는 일이었다.

이렇게 내가 맡은 업무는 다양했지만 모든 업무에 한 가지 공통점이 있었다. 민첩성과 빠른 판단력을 필요로 하는 일이라는 것이다. 캠프에서 말하고자 하는 내용을 언론에 전달할 때나, 기자들이 주는 여러 이야기를 캠프에 전달할 때 최대한 빨리, 정확히 전달해야 했고, 대변인실에서 수시로 발생하는 긴급한 여러 상황에 대한 정확한 판단력이 필요로 했다. 물론 대변인들과 특보들이 하시는 정무적인 판단과 일들에 비하면, 작은 부분이었지만, 캠프 전체로 볼 때는 하나하나 신중하고 조심해야 하는 일들이었다.

대변인실은 상대 후보와 치열하게 경쟁하는 과정과, 언론에서 보도되는 작은 내용 하나하나까지 모두 세심하게 신경 쓰고 대응해야 했기 때문에, 선거일이 가까워질수록, 긴급한 상황이 수시로 발생하는 '총성 없는 전쟁터'가 되고 있었다. 그야말로 캠프의 최전방이었고, 이 때문에 대변인실 사람들은 모두 한 순간도 긴장을 늦출 수 없는 하루하루를 보내고 있었다.

나 역시 내가 맡은 업무에 대해 늘 긴장하며 최대한 민첩하게 움직이고 대응하였다. 하루의 대부분을 캠프에서 보냈지만 혹시 식사를 할 때나 다른 곳에 있거나 퇴근 후 집에 있더라도, 언제든지 주어지는 일을 처리할 수 있도록 대비하였다. 핸드폰을 거의 24시간 손에 쥐고 다녔던 것은 물론이고, 어딜 가나 인터넷이나 컴퓨터 사용이 가능한지부터 확인하였다.

나는 캠프에서 가장 먼저 신문 본판을 보게 되는 사람이었기 때문에, 신문에 나온 중요한 내용들은 항상 체크하고 기억해 두었다. 그래서 캠프의 참모들이 필요하게 될 때, 가장 빠르게 제공하기도 하였다. 꼭 우리 캠프와 관련 된 기사가 아니더라도, 중요할 수 있는 내용들은 반드시 스크랩 하였다. 이런 사소한 일들에서부터, 기자들에게 들은 내용을 보고하는 중요한 사항까지 모두 순간의 정확한 판단력이 필요로 하는 일이었다. 시간이 지나면서 정무적 판단이 필요한 일들에 대해서도 눈과 귀로 보고 들으며 익혀나갔고, 꼭 겉으로 결과가 드러나는 일이 아니더라도, 필요한 일이 있다면 가능한 범위 내에서 스스로 찾아 해결하기도 하였다.

내가 있던 캠프의 가장 큰 특징 중 하나는, 자신에게 주어진 업무 외에도 필요한 일들이라면 스스로 능력껏 찾아서 원래 업무와 함께 조화롭게 해야 한다는 것이었다. 그래서 진행하는 모든 일들이 누군가 꼭 시켜서 한다는 개념은 아니었다. 어느 정도는 각자가 책임감을 가지고 해야 하는 일도 상당히 많이 있었다.

하지만 처음부터 나는 내가 가진 경험과 노하우를 살려 어떤 일을 찾거나, 그 경험을 캠프에 섣불리 활용할 수는 없었다. 2006년 처음 선거준비사무실에 들어갔을 때 저질렀던 실수를 자칫하면 또다시 반복할 수도 있었기 때문이다. 일을 하다 보면 또 한 번 실수할 수 있기에, 나는 내가 하는 모든 일에 항상 꼼꼼히 체크하고 돌아보는 습관이 생기게 되었다. 때로는 내 업무가 갈수록 좁아지는 게 아닌가 하는 초조함도 생겼지만, 점점 시간이 지나면서 성실함과 겸손함이라는 무기가 나에게 기회를 넓혀주는 든든한 바탕이 되었다.

나는 그 바탕을 기본으로 하여 일에 좀 더 민첩하고 정확하게 대응하는 모습을 보이면서 나만의 일을 하나씩 만들어 나갔다. 그리고 이런 노력으로 어떤 일에 대해 스스로 판단할 수 있는 능력도 가지게 되었다. 또 그러한 환경도 자연스럽게 이어졌.

나는 내가 관여할 수 없는 일들에도 항상 마음속으로 내 나름의 판단하는 연습을 하여, 중요한 참모들이 결과적으로 그 일에 어떻게 대응하는지 내 생각과 비교해 보았다. 일종에 스스로 가상 시뮬레이션을 연습해본 것이었는데, 실제로 이 연습은 나에게 정치적인 사안들에 어떻게 판단해야 하는지를 배우게 해준 최고의 공부가 되었다.

내가 고위 참모들처럼 중요한 정치 사안을 판단할 수 있는 시기가 내 삶에 언제 어느 때가 될 지 알 수는 없지만, 이런 연습은 내 생각과 판단력을 크게 성장시켜주고 발전 시켜주는 훌륭한 자양분이었다.

나는 이런 많은 상황과 판단을 배울 수 있는 대변인실 실무자라는 것에 무척 감사하게 생각했다. 정치라는 장르만큼 예기치 못한 상황이 많이 발생하는 곳이 없는데, 나는 그 중에서도 가장 **빠른** 상황이 전개되는 대변인실에 소속되어 매 순간 새로운 것을 몸으로 익히고 있었던 것이다. 가장 역동적인 곳에서 홍보와 언론에 대한 전문적인 경험을 쌓게 되는 소중한 순간이었다.

대변인실 생활은 유일한 20대 캠프 멤버로써, 가장 상황변화가 많은 대변인실 실무자로써 빠른 행동력과 판단력이 크게 성장하는 계기가 되었다.

굳이 나뿐 아니라 빠른 행동력과 판단력은 사회생활을 준비하는 모든 대학생들과 20대들에게도 필수적인 부분이라고 생각한다.

사회생활을 하게 되면, 사실 개인능력 보다는 조직의 상황을 우선시 하게 되지만, 언젠가 자신에게도 결정적 기회가 오면 빠르고 정확한 판단력으로 승부 할 수 있어야 하기 때문이다. 항상 준비된 모습을 가지고 있을 때 단 한 번의 기회를 놓치지 않고 잡을 수 있게 된다.

이 전에 같이 행사를 준비하고 기획하던 대학생들에게도 항상 이런 점들이 아쉽게 생각되었다. 조금만 빠르고 더 정확하게 행동하고, 더 유연하게 판단했더라도 좋은 결과를 낼 수 있었지만, 그런 연습이 되어 있지 않았기 때문에 안타까운 결과를 가져왔던 것이다.

나는 대학생들이 취업을 위해 오로지 어학점수와 자격증, 인턴 등에만 매달릴 것이 아니라, 보다 넓은 세계로 나가기 위한 기본적인 습관부터 하나씩 연습하고 준비해나갈 때 원하는 결과에 더 가깝게 갈 수 있다고 생각한다.

외형적인 능력도 사회생활을 하기 위해 무척 중요하지만, 만약 확실히 자신만의 꿈을 향해 나가는 과정이라면 반드시 몸과 마음의 습관부터 늘 기본적인 것에 충실히 연습하고 준비해야 한다는 것이다.

그러한 노력들이 정말 중요한 순간에 훌륭한 바탕과 자산으로써 스스로에게 큰 도움이 될 것이라고 믿는다.

새롭고 어려운 환경일수록 철저한 자기관리에서 나오는 기본적인 바탕들이 더 빛을 발하기 때문이다.

자리가 주는 의미, 인내심

《권력의 조건》(도리스 컨스 굿윈 저, 21세기북스) 이라는 책을 보면, 한 가지 재미있는 이야기가 소개되어 있다.

남북전쟁이 한창일 때 미국의 제16대 대통령 링컨과 뛰어난 북군 장군 맥클라렌의 일화이다. 하루는 링컨이 국방장관을 대동하고, 장군을 격려하기 위해 그의 야전 사령부를 찾게 되었다. 때마침 그는 전투 중이었기 때문에 링컨과 국방장관은 몇 시간을 기다려야 했는데, 한참 후 돌아온 장군은 대통령과 장관을 본체 만체하며 그냥 2층 자기 방으로 들어가는 것이 아닌가. 바로 내려올 것이라는 생각과는 달리, 장군은 자신의 부하를 대신 대통령에게 보냈다. 그 부하가 하는 말이 "장군께서는 전투로 인해 너무 피곤하여 잠을 자야 하니 그렇게 대통령께 말씀 드리라고 하셨습니다" 라고 하는 것이었다.

말도 안 되는 상황에 무척 화가 난 국방장관이 당장 장군을 직위해제 시켜야 한다고 링컨에게 건의하게 되었다. 그런데 링컨에게서 돌아온 대답은 믿기지 않는 말이었다. "아니다. 장군은 전쟁을 이기기 위해 우리에게 반드시 필요한 사람이다. 나는 이 비참한 전쟁을 장군으로 인해 조금이라도 줄일 수 있다면, 그의 말고삐를 잡아 줄 수도 있고, 군화도 닦아 줄 것이다." 훗날 맥클라렌 장군은 북군의 결정적 전투에서 많은 승리를 안겨주었고, 남북전쟁 승리에도 일조하게 되었다. 그리고 믿기지 않는 이 일화는 링컨의 대단한 인내심을 보여주는 대표적인 이야기로 유명해졌다.

흔히 삼국지와 비교되는 일본의 소설 '대망'을 보더라도 이런 글을 읽을 수가 있다.

'사람의 일생은 무거운 짐을 지고 먼 길을 걷는 것과 같다. 결코 서두를 필요가 없다. 인내는 무사장구無事長久의 근본, 분노는 적이라고 생각해라.'

일본열도 전체를 천하 통일한 도쿠가와 이에야스가 한 말이다. 그는 인내심의 대명사로 불리 우며, 진정한 자신의 때가 올 때까지 오랜 시간 인고의 세월을 보냈던 것으로 유명하다. 어린 나이에 무려 14년 동안이나 인질로 잡혀 있었고, 성인이 되어서는 10년 동안 오다 노부나가에게 2인자의 신의로 일관했으며, 그 후 3년 동안 히데요시의 도전을 받으며 참고 견디었다. 그는 참고 또 참는 인내심을 바탕으로 훗날 천하통일의 대망을 이룬 인물로 기록되었다.

'인내로 얻어지는 열매만큼 달콤한 것도 없지만, 그 열매를 얻기까지의 시간만큼 고통스러운 것도 없다.' 시청에서 일할 때, 같이 계셨던 한 비서관이 나에게 해주신 말씀이었다.

또 어느 날 그 비서관이 나에게 이런 말씀을 하셨다.

"나는 지금 이렇게 내 책상과 방이 있다는 것이 얼마나 행복하고 기쁜 일인지 모른다. 정치에 입문한 후 처음으로 안정된 내 자리와 책상이 생겼다는 것에 정말 너무 감사 해야할 일이지."

나는 당시 그 말이 조금 의아하게 들렸다. 그 비서관은 한국 최고의 법대와 법학대학원을 졸업한 엘리트셨고, 정치권에 입문한 뒤에도 중요한 직책을 여러 번 맡으셨기 때문이다.

그런 분이 고작 '책상'을 가진 것에 대해 기쁜 마음을 표현하고 있었던 것이다.

하지만 이어지는 부연설명을 듣고 왜 그런 말씀을 하셨는지 어느 정도 이해할 수 있게 되었다. 정치권은 바로 한 시간 뒤도 예측하기 힘든 워낙 불확실한 곳이기 때문에, 늘 언제 내 책상이 없어지게 될 지 불안하였고, 또 다음 번 가는 곳에서 내 책상이 준비되어 있을 지에 대한 확신도 없었기 때문이라는 것이었다. 그리고 참모로서 20년간을 살아오셨기 때문에 그런 정치권의 삶과 비교했을 때 시장 비서관이라는 정식 직책과 공무원으로서의 삶은 비교할 수 없을 정도로 안정적이었던 것이다.

8개월이 지난 뒤 나는 그와 비슷한 말을 대선캠프로 옮기기 전, 준비사무실에서 또 한 번 비서관께 듣게 되었다. 신기하게도 그 때 나는 공보팀의 실무자였고, 비서관은 공보특보로 역시 같은 방에서 일하고 있었다. 대단히 특별한 인연이었다.

그 다음날이 여의도로 이사 가는 날이었는데, 나는 새로 생기는 대변인실 안에 과연 내 자리도 있을까 하는 걱정을 하고 있었다.

그동안 사무실에서는 내 책상이 없었기 때문에, 늘 다른 사람의 자리가 비게 되면 그 곳에 앉아 일을 했었다.

비서관은 웃으시며 나에게 걱정하지 않아도 된다고 하셨다. 그리고 곧 정훈 씨도 '내 책상'에 대한 기쁨을 맛보게 될 거라고 말하셨다. 그 말대로 나는 여의도 캠프에서 '내 책상, 내 자리'의 감격을 처음으로 느낄 수 있게 되었다. 물론 그 후로도 심각하게 몇 번의 자리 걱정을 더 했지만 말이다.

'책상과 자리' 이야기에는 아주 특별한 의미가 있다.

그 의미는 오랜 시간 많은 어려움을 견디며, 자신의 목표를 향해 준비해 나가는 인내심을 표현한 것이다. 확실한 책상과 자리가 보장되어 있지 않더라도, 목표와 꿈을 향해 도전하고 나갈 수 있는 마음. 바로 그 마음이 '다음'이라는 기회를 만들 수 있게 한다.

지금 현재 '내 책상'이 없더라도 결코 실망하면 안 된다. 다음에 가는 곳에 정말 멋진 '내 책상'이 기다리고 있을지 모르니까 말이다. 다만 꾸준히 자신을 가다듬고 노력하며 진실한 마음으로 기회를 준비해야 하는 것이다. 흔들리지 않는 인내심을 가지고.

대선이 끝나고, 비서관은 20년 만에, 정말 확실하고 멋진 자기 사무실과 책상을 가질 수 있게 되었다.

18대 국회의원에 선출되신 것이다. 당선축하 전화를 드린 날 나는 비서관 목소리를 들으면서, 20년간 자신의 때를 기다렸다는 그 모습이 머릿속에 그려졌다.

물론 나는 그 분이 링컨과 이에야스처럼 자신을 그 자리에 있게 해 준 많은 사람들에게 늘 최선을 다하고 감사하게 생각하시는 분이라고 굳게 믿고 있다.

나는 그 믿음이 인내의 가치가 아닐까 생각한다.

'선배'
오늘 특별한 기사 난 거 있나요?

어느 순간부터 내가 하는 일과는 떨어질 수 없는 몇 가지 연상단어들이 생기게 되었다.

그 단어들은 '언론, 홍보, 기자, 정치, 외교, 대학생, 20대' 등인데, 재미있게도 이 글을 쓰는 지금까지 나는 이 단어들과 지속적인 인연을 맺고 있다. 그리고 여기에 있는 단어들은 모두 나에게 상상할 수 없을 만큼 많은 배움과 경험을 주었다.

그 중에서도 특히 '기자와 언론'은 나 자신이 아닌 '다른 누군가'에 대해 많이 생각하게 한 특별한 의미의 단어들이다.

선거사무실에서부터 시작한 언론업무는 철저히 '기자와 언론'에 초점을 맞추어 나가야 하는 일이었다. 내 생각과 의견보다는 그들이 어떤 생각을 하고, 어떤 내용을 보도하고, 어떤 여론을 만드느냐에 많은 관심과 신경을 쏟았다. 하루 종일 기자들과 같이 생활하며, 그들이 보도한 기사를 보고, 함께 점심 저녁을 먹고, 차를 마시고 이야기를 나누고, 새벽부터 밤늦게 까지 필요한 일이 있다면 언제든지 통화하게 되고. 그리고 기사내용에 대해 대변인실 사람들과 또 이야기 하거나 분석하고.

나는 어느덧 자연스럽게 기자들 삶 속의 일부가 되어가고 있었다.

2007년 가을, 1000명의 번호까지 저장할 수 있는 내 핸드폰에는 789개의 번호가 저장되어 있었는데, 그 중 기자 전화번호가 214개였고, 언론사와 관련된 전화번호는 31개였다. 2008년 2월 대통령직인수위원회가 끝나갈 무렵, 1000개의 전화번호가 모두 가득 차 있었고, 기자와 언론사에 관련된 전화번호는 381개나 되었다.

단순히 전화번호만 본다면 2007년 1년 동안은 내 삶의 40% 정도가 언론, 기자들과 관련된 삶이었던 것이다.

지난 몇 년간 이렇게 특정 계층과 그룹에 몰입되어 살아온 적은 없었다. 민간외교활동을 할 때나, 20대와 대학생들의 비전을 위한 활동을 할 때도, 내 삶이 다른 이들만을 위한 삶은 아니었다.

특별히 육체적으로 힘든 일을 한 것은 아니지만, 일적으로 항상 기자들에게 무엇인가 제공하고 도와주거나 보내주며, 혹은 그들의 이야기를 듣는 일은 보통 일이 아니었다. 기자들은 일반인의 관점으로 접근하기 힘든 특별한 삶의 방식이 있기 때문에, 일적인 관계가 아니라면 쉽게 다가가기 힘들었다. 기자는 항상 새로운 뉴스와 정보를 알아내야 하고, 진실을 많은 사람들에게 알려야 한다는 부담감이 만만치 않은 직업이었다. 그래서인지 그들의 빼곡한 수첩 일정 속에 편한 친구와 동료, 동생으로 자리 잡는다는 것은 쉽지 않았던 것이다.

내가 하는 업무의 특성상 '꼭'은 아니지만, '최대한' 기자들과 친해지고 편해질 필요가 있었다. 그래야지만 말 그대로 대언론 업무 관계를 형성할 수 있기 때문이다. 나는 한동안 기자들과 가까워질 수 있는 방법들에 대해 많은 고민을 하였다. 결코 쉽지 않은 일이었고 그만큼 많은 시행착오를 겪어야 했다. 기자들에게 나는 고급 정보를 줄 수 있는 사람도 아니었고, 그들과 일적으로 상대할 만큼 높은 위치의 사람도 아니었다. 더군다나 술 한 잔 못했기 때문에 저녁식사를 같이 할만한 사람도 안 되었다.

하지만 나는 그렇게 오랜 시간이 걸리지 않아, '김정훈 만의 친해지는 방법'을 개발하였다. 대부분의 기자들보다 연배가 적다는 점을 잘 활용하여, 부담 없고 편한 후배 이미지를 만들어 나간 것이었다. 명함을 주고받게 되면 꼭 온라인 메신저 주소를 물어봐서, 메신저 등록을 하였고, 전화통화와 일적인 만남이 아니더라도 다소 편하게 대화할 수 있는 환경을 만들었다. 누구보다 기자들에게 친절하고 빠른 사람이라는 인식을 줘서 그들이 필요로 할 때 언제든 부담 없이 도와주는 사람이 되려고 노력했다. 그리고 나이가 비슷한 기자들과는 일적인 관계가 아니라 사적으로도 편해질 수 있는 친구관계로 점차 만들어 나갔다.

그런 많은 노력 끝에 어느덧 기자들에게 가장 편안하고 신뢰를 줄 수 있는 일적인 파트너로도 인정받게 되었다. 실제로 기자들은 대선 선거일이 얼마 남지 않은 상황에서 캠프에 유용한 많은 정보를 나에게 알려주기도 하였다. 그리고 내가 어려움에 처해 있을 때 캠프사람들에게 나를 도와주는 말을 건네기도 하였다. 서로간의 굳건한 믿음이 없으면 하기 어려운 일들이었다. 기자들과 일적으로 훌륭한 관계를 구축하면서, 캠프에서도 내가 할 수 있는 일들이 더욱 많아지게 되었다. 결정적으로 기자들과 캠프 모두에 '일 잘하는 사람'이라고 인정받게 된 것은 나에게 무척 큰 축복이었다.

그러면서도 나는 내 위치를 망각하지 않으려 하였다. 어떤 일을 하더라도 내 마음의 중심에 항상 초심을 담고 임했기 때문이다.

캠프와 인수위에 있는 1년간의 시간은 정말 다른 누군가를 위해 헌신적으로 살았던 것 같다. 그 누군가의 사람들은 희노애락을 함께 나눈 캠프 동료들이었고, 그리고 내 삶의 큰 부분이었던 수많은 기자들이었다. 다른 누군가를 항상 생각하며 살아야 했던 그 시간은 나에겐 아주 특별한 경험이고 배움의 시간이 되었다.

꼭 이번 일이 아니더라도, 어쩌면 앞으로도 나는 많은 환경과 상황에서 다른 사람들을 위하고 생각하고 같이 고민하며 일하게 될지 모른다.

그 때 지난 시간 기자들과 어렵게 맺어나간 관계의 방법처럼, '경험'이라는 훌륭한 밑거름을 바탕으로 또 다시 지혜로운 방법을 찾아 나갈 것이라고 기대한다.

지금 나는 기자들을 부를 때 더 이상 '기자님'이라고 부르지 않고, 그들이 항상 쓰는 말처럼 '선배'라고 편하게 부른다.

많은 노력과 시간의 흔적이 묻어있는 이 호칭처럼 다시 한 번 내가 찾게 될 새로운 방법도 이런 의미의 지혜를 나에게 주지 않을까?

패션잡지의
모델이 되다

　2007년 9월 21일. 촉촉이 내리는 가을비가 바람에 기분 좋게 흩날리고 있었다.
　나는 사진기자의 주문에 따라 광화문 네거리 횡단보도를 이쪽 방향으로 뛰거나, 혹은 저쪽 방향으로 빠르게 걸었다. 걷다가 카메라 렌즈가 있는 쪽을 돌아보기도 하였고, 주머니에 손을 넣거나 바람에 맞춰 넥타이를 날려 보이기도 하였다. 기자가 요구하는 다양한 포즈를 취하는 동안 횡단보도를 건너는 많은 사람들이 나를 신기하게 바라보고 있었다.
　그렇게 내 생애 처음으로 화보를 찍듯이 진행한 30분간의 사진 촬영이 끝나고, 나는 우리나라 젊은 여성들이 가장 많이 보는 패션잡지 '쎄시'의 에디터와 함께 자리를 앉았다.
　그보다 몇 주 전 나에게 한 통의 전화가 왔다.
　자신을 쎄시의 에디터라고 소개한 기자는 10월 달에 출간될 창간 13주년 기념호에 특별인터뷰 내용을 찾는다고 하였다. 그 내용은 20대에게 멘토가 될 수 있는 각 분야의 특별한 사람을 소개하는 것이었는데, 정치외교 분야에서 나를 취재하고 싶다는 것이었다.

사실 그 때는 한창 대선캠프에서 일할 때였기 때문에, 개인인터뷰를 하는 것이 무척 조심스러웠다. 캠프와 관련된 사항이 아닌 개인적으로 하는 인터뷰는 자칫하면 다른 사람에게 오해를 살 수 있었기 때문이다. 그래서 이전에도 몇 번의 개인 인터뷰 요청이 들어왔을 때 모두 양해를 구하고 거절할 수밖에 없었다.

정말 좋은 기회였지만, 안타깝게 쎄시 인터뷰도 거절해야 하는 상황이었다. 일단은 조금만 생각해 보겠다는 대답을 하고 전화를 끊었는데 이상하게 계속 아쉬운 마음이 생겼다.

자격에 못 미치는 나에게, 인터뷰 의미만 본다면 무척 영광스러운 일이었고, 또 내용도 정치와는 전혀 무관한 내용이었다. 그리고 무엇보다 같은 20대들에게 나를 소개한다는 일은 무척 큰 의미가 있었다.

곰곰이 생각하다가 어쩌면 두 번 오지 않을 기회라는 생각도 들었고, 지금 20대의 내 모습을 사람들과 함께 공유하는 것도 감사한 일이라고 생각하였다.

나는 하루의 고민을 거쳐 다시 수화기를 들었다. 그리고 인터뷰에 응하겠다고 조심스럽게 말하였다.

사진을 찍을 수 있는 여러 장소를 서로 상의하며 고민하였는데, 어느 날 에디터가 신난 듯이 나에게 좋은 아이디어가 생각났다며 전화를 걸어왔다.

내 미니홈피에 있는 사진을 보고 생각한 아이디어였는데 기자가 본 사진은 광화문 차로 한 가운데 있는 횡단보도에서 찍은 장면이었다. 바람에 자연스럽게 휘날리는 넥타이가 딱딱한 정장 차림과 대비되는 독특한 느낌의 사진이었다.

그 장면처럼 다시 한 번 광화문 대로에서 찍어보자는 의견이었는데, 막상 사진을 촬영하는 날이 되니까 '쉽지 않은 선택을 한 거구나' 라는 생각이 들었다.

갑작스러운 촬영에, 너무 많은 사람들이 구경 아닌 구경을 하게 된 것이다. 덕분에 개인적으로도 정말 오랫동안 기억에 남을 수 있는 멋진 추억을 만들게 되었다.

보름 정도 시간이 흐른 뒤 내 기사가 실린 잡지가 발간되었다는 소식을 듣게 되었고, 서둘러 서점을 향했다. 잡지코너로 가서 10월호 쎄씨를 구입했고, 내가 나온 장면을 정말 한참 동안 꼼꼼히 들여다보았다. 그런데 한참을 기사내용과 사진을 보던 중 이상하게도 갑자기 코끝이 찡해지는 것을 느꼈다.

사진 속 옅게 미소를 지으며 서 있는 내 모습을 보니까, 그동안 했던 모든 노력들이 하나씩 파노라마처럼 눈앞에 그려졌기 때문이다. 정말 많은 고민과 땀, 그리고 고생을 했던 장면들이 하나씩 떠올랐다. 그 모습들이 하나하나 내 말과 행동과 마음속에 단단히 쌓여, 사진 속의 미소를 만들었으리라.

알듯 모를 듯 어쩌면 슬퍼 보이기도 한 그 얼굴이 지금 나를 가장 잘 표현하는 모습 같았다.

가장 뜨겁고, 가장 열정적이며, 가장 많은 사랑과 이별을 하고,

가장 고민 하며, 가장 많은 도전을 할 수 있는 20대.

그 20대 중에서도 많은 고민을 하며 땀 흘렸던 시간 속의 내 모습을 기념할 수 있게 되어 정말 감사했다. 그리고 그런 내 모습을, 나와 같은 20대와 함께 나누게 된 것도 감사했다.

10년이 지난 뒤에도 이 모습을 보면 그때의 거칠게 내쉬었던 숨소리를 그대로 느낄 수 있을 거라는 생각이 들었다.

20년 뒤, 또 30년 뒤의 비전을 이룬 모습을 상상해보기 위해서는 가장 뜨거우면서, 가장 힘들었던 자신의 20대를 꼭 기념해야 한다. 아무도 알아주지 않더라도 자신만의 그 기념이 비전을 향해 가는 이정표가 될 수 있기 때문이다.

지금 가장 힘들고, 혹은 가장 슬픈 순간에 있는가? 아니면 가장 기쁘고 가장 뜨거운 순간을 보내고 있는가.

그렇다면 주저하지 말고 지금 당신의 20대를 기념하길 바란다.

어떤 일이라도 도전해볼 수 있고, 어떤 어려움에도 결코 멈추지 않는 그 모습 그대로를.

누군가에게 기억된다는 것의 의미

가끔 전혀 생각지 못했던 사람들이 나를 기억하며 전화 올 때가 있다. 그 사람과 안부를 나눌 만큼 친한 사이도, 또 특별히 기억에 남을 대화를 나눈 사이도 아니었다.

한참을 생각해봐도 내 기억 속에서는 그 사람이 그저 어렴풋하게만 떠오를 뿐이다.

짧게 통화하는 그 시간이 왜 그렇게 길게 느껴지는지 그리고 왜 자꾸 민망한 웃음만 나오는지, 얼른 끊고 싶은 마음이었다.

하지만 전화를 끊고 나서는 씁쓸한 마음에 그런 생각이 든다. 만약 전화 속에 저 목소리의 주인공이 반대로 나였다면 어땠을까. 괜한 전화를 걸게 되서 후회하고 있을까. 아니면 어색한 상황을 무릅쓰고 내가 하고 싶은 말은 꼭 하고 끊을 것인가.

한 번은 어떤 사람이 전화를 걸어와서 대뜸 처음 하는 말이, "정훈씨 여전히 컬러링이 캐롤송 이군요. 정훈씨한테 여름은 없는 건가요?"하고 농담을 건넸다. 호탕하게 웃는 그에게, 차마 "실례지만 누구세요?"라는 말을 꺼내기 어려웠다. 그냥 나도 같이 웃으며 오랜만이라는 어색한 인사를 할 수밖에 없었다.

'아 나는 누군가에게 이렇게도 기억되는 존재였구나.'

4년 동안 단 한 번도 바꾸지 않았던, 내 핸드폰의 통화 연결음은 언제나 'We wish your Merry Christmas'였다.

4년 전 겨울에 처음 설정한 뒤, 깜빡하고 다음 해 여름까지 그 연결음을 놔두었는데, 여름이 되어 바꾸려 하니, 어느새 그 어색함이 나에겐 익숙함이 되어 있었다.

나를 아는 사람들은 4년간 봄 여름 가을 겨울 사계절 변함없이 들리는 그 크리스마스 캐롤을 어느새 내 상징처럼 생각하고 있었다. 왜 아직 캐롤이냐고 물어보는 사람이 있다면 틀림없이 나에게 오랜만에 전화한 사람이었다.

몇 년 동안 그렇게 남들에게 기억되기 위해 치열하게 노력하였건만 결국, 나를 기억하게 해준 건 그 짧은 통화 연결음이었다는 사실. 하지만 그 캐롤은 4년 전 초심의 자세를 품고 있는 모습의 상징이었다.

대선 캠프에 있는 동안은 정말 많은 사람을 만났다. 방금 인사하고 명함을 받고 나서 돌아서면 그 사람 명함이 이것인지 저것인지 금세 헷갈리고 만다. 죄송한 마음에 다시 정확히 누군지 확인하려고 해도 말처럼 쉽지 않다. 그래서 그렇게 넘어갔던 많은 사람들이 가끔 나에게 안부를 물으러 전화가 오면 어색한 마음에 금방 끊게 되었지만, 그 뒷맛이 어찌나 아쉬움이 길게 남는지.

하루 종일 아까 통화한 그 사람을 기억해내려고, 모든 명함집을 다 찾아보고, 내 기억 속 퍼즐도 하나씩 순서대로 맞춰보려 한다. 그렇게 해서도 그 사람이 기억나지 않으면 정말 미안해지게 되는 것이다. 그러면서 문득 그 사람은 나를 어떻게 기억하고 있었는지 곰곰이 생각해 보게 된다. 나라는 사람을 다른 사람들은 어떻게 기억하고 어떻게 간직하고 있을까?

2007년 12월 20일 드디어 대선캠프의 막이 내렸다. 내가 2007년 한 해를 거의 온전히 기대하며 기다린 대통령선거가 끝나게 된 것이다. 해단을 하는 날 그 긴 시간 동안 그 안에서 나와 함께했던 수많은 사람들과도 공식적으로 작별인사를 하였다. 마음이 아련해졌다.

누군가 '정치는 예술이다'라고 하였다. 그 짧은 말이 마치 '정치'를 모두 보여줄 수 있을 것만 같아서 내 마음에 와 닿는 말이다. 정치는 딱 무엇이라고 형용하기 힘든 그런 장르인 것 같다.

많은 사람들에게 기대를 받지만, 항상 그 기대의 몇 배 이상으로 실망을 안겨주는 것. 그리고 수백만, 수천만의 사람들이 울고 웃으며 또다시 이야기하게 되는 그런 것.

아픔을 가진 사람들의 차가운 손을 잡아주겠다고 하지만, 잡아주는 그 손이 따뜻할지 차가울지 알 수 없는 것. 하지만 그 따뜻함을 기대하며 또 한 번 믿음을 가질 수밖에 없는 것.

나는 대선캠프에 있는 1년 동안 사람들에게 과연 어떤 모습으로 기억되고 있을까.

처음 대선 캠프를 경험하겠다던 그 목적 그대로 내가 꿈꾸고 비전을 옮기고 싶었던 모습으로 과연 기억되었을까? 아니면 그저 욕심 많은 어린 정치지망생으로 보여졌을까? 부지런한 모습으로 기억될까? 게으르고 거만한 청년으로 생각될까?

지금 와서 사람들에게 어떻게 기억될지 가늠해볼 수는 없지만, 거기 있는 그 시간 동안 늘 진실된 모습이었기를 뒤늦게 바래본다. 누군가에게 짧게나마 좋은 모습으로 기억되어지길 욕심 내어 보기도 한다.

처음 내가 왜 정치에 참여해야 하는지 고민하였을 때 생각했던 내용인 '결국 세상을 크게 변화시킬 수 있는 구심점 중에 하나가 '정치'라는 것을 깨닫게 되었다. 정치라는 큰 테두리 안에, 경제와 외교, 국제관계, 사회문제 등 모든 중요한 이슈들이 함께 포함되는 것이었다.'

스스로 구했던 이 대답을 내가 캠프에 참여 하는 동안 얼마나 진지하게 고민했는지 다시 한 번 생각해보았다.

사람들이 나를 기억하는 것은 결국 내가 처음 시작할 때 가졌던 그 초심과 목적에 스스로 얼마나 충실했느냐가 기준일 것 같다.

사람들은 세상을 변화시키겠다던 그 당돌한 20대를 어떻게 기억하고 있을까? 나에게 물은 이 질문은, 어쩌면 모든 사람들이 스스로에게 던질 수 있는 질문이 될 지도 모른다.

도전력

365번의 고민과 선택

"I believe the choice to be excellent begins with aligning your thoughts and words with the intention to require more from yourself."

(최고가 되기 위한 선택은, 자신에게서 더 많은 것을 얻어내려는 의지와 함께 자신의 생각과 말을 정렬하면서 시작된다고 믿는다.)

위는 시사주간지 〈타임TIME〉에서 20세기의 인물로 선정했고, 97년 월스트리트 저널에서 미국인이 가장 존경하는 인물 3위로 선정한, 이 시대 최고의 여성방송인이자 멘토인 '오프라 윈프리Oprah Gail Winfrey'가 한 말이다.

선택

우리는 매 순간 수많은 선택을 하게 된다.

두세 가지 결정을 해야 할 때도 있지만, 보통은 단 하나의 결정을 위해, 정말 많은 고민과 생각을 하게 된다. 그렇게 내린 그 결정이 후회 없이 최선을 다한 선택이라고 말하지만, 가슴 한 쪽에는 다른 선택에 대한 아쉬움이 남고 만다. 무엇인가 선택하는 것은 무척 고민스러운 일이다. 먹는 것, 입는 것, 사는 것 등 기본적인 문제부터, 무슨 공부를 할 것인지, 어느 대학교에 갈 것인지, 어떤 전공을 하고, 무슨 일을 할 것인지 등 꼭 필요한 고민까지. 우리는 매 순간 쉽지 않은 선택의 기로에 서게 되는 것이다.

선택을 위한 고민

나는 1년에 365번 정도 선택을 위한 고민을 하는 것 같다. 거의 매일 하루에 한 번 이상은 어떤 선택의 순간 앞에 서게 된다. 아니 어쩌면 500번. 그리고 어쩌면 그 이상을 할지도 모른다. 그 선택들 앞에서 나는 수십 번씩, 수백 번씩 또 생각하며 고민을 하게 된다.

선택은 만들어 가는 것

그렇게 나는 남들보다 유난히 많은 선택의 고민을 하며 알게 된 것이 한 가지 있다.

결국 모든 선택은 최선이 아니라는 것. 그리고 아마도 최선의 선택을 할 수도 없다는 것이다.

그렇지만 정말 중요한 것이 있다. 많은 고민 끝에 스스로 결정한 것이라면 그 결정을 앞으로 하나씩 최선의 내용으로 만들어야 한다는 것이다. 문제는 선택이 아니라, 선택한 후의 어떤 내용으로 그 결과를 만들어 나가느냐에 있는 것이다.

안 좋은 상황일지라도

하지만 정말 이해가 안 가는 말도 안 되는 상황, 불리한 현실로 인해 올바른 선택을 하지 못할 때가 있다. 그래서 억울하고 분하고 슬픔에 잠겨야 할 때가 있다. 그럴 때 아마 실패했다는 느낌을 받을 것이다. 나만 뭔가 잘못되고 있다고 생각할 것이다.

그렇지만 그런 생각을 하고 있다는 것조차 행복이라고 혹시 생각해 본적이 있는가? 그런 기회조차 갖지 못하는 사람들이 우리가 생각하는 이상으로 정말 많다는 것을 알고 있는가?

나의 선택

나는 선거캠프에서 나온 뒤 스물 일곱 살, 최연소로 대통령직인수위원회에 참여하게 되었다. 20대가 대통령직인수위원회에 실무자로 들어간다는 것은 사실 파격적인 일이었기 때문에 많은 사람들이 놀라워하였고, 그러한 내용이 언론에 크게 보도되기도 하였다.

인수위에서 일하는 동안, 나는 대변인실에서 방송, 사진기자 담당, 그리고 언론 담당으로 방송, 사진기자들의 취재를 도와주고, 600여명에 이르는 등록 기자들의 출입과 모든 편의를 도와주었다.

대변인실은 인수위와 언론, 그리고 동시에 인수위와 국민을 연결해주는 통로였기 때문에, 나는 대변인실에 있는 동안 어떻게 인수위가 운영되고, 또 국가는 어떤 시스템으로 운영되는지 전체적인 틀을 보는 경험을 하게 되었다. 27살, 내 나이에 정말 가슴 벅차고 믿기지 않는 일들이었다.

2월말 제17대 대통령직인수위원회의 모든 활동이 마무리되어감에 따라, 나의 삼청동 생활도 서서히 정리할 때가 오게 되었다. 인수위에 참여한 사람들은 대부분 각 분야 최고 전문가였기 때문에, 인수위가 끝난 뒤 이곳 경험을 바탕으로 각자 더욱 중요한 위치로 갈 준비를 하고 있었다. 모두 다음 역할들에 대해 많은 관심과 기대를 가지고 있을 때였다.

나 역시 앞으로 어떤 일을 해야 할 지 많은 생각과 고민을 하게 되었다. 언론에서 나를 본 몇몇 분들이 같이 일하자는 제안을 하기도 하셨고 가족, 선배, 그동안 나를 도와주신 분들이 나에게 향후 계획에 대한 다양한 조언을 해주셨다.

나는 많은 고민 끝에 일단 24살 때부터 지난 4년간 단 한 번도 쉼 없이 달려온 나에게 스스로 한 달간의 휴식시간을 주기로 하였다. 나를 돌아보고 앞으로의 계획들을 정리할 시간이 필요했던 것이다. 모두들 새 계획으로 분주한 준비를 할 때, 나는 반대로 차분히 내 자신을 정리하고 있었다.

2008년 3월은 나에게 가장 중요한 선택의 시간이었다. 그 한 달 간의 휴식기간 동안 다음 계획을 어떻게 정할 것인가에 대해 정말 많은 생각과 고민을 하였다. 다른 사람들의 조언을 구하기보다는, 조용히 혼자 생각하는 시간을 많이 가졌다. 몇 년간 수많은 활동과 일을 하며 혹시 나로 인해 가슴 아픈 사람들은 없었는지, 원하지 않게 나로 인해 피해를 본 사람들은 없었는지, 하루에 수십 번씩 반성과 미안함을 느끼기도 하였다.

사실 그동안 정말 누구보다 열정적이고 뜨겁게 살아왔지만, 그 화려하게 활동한 이면 속에서 느끼지 못하는 사이에 서서히 초심을 잃었을 수도 있다고 생각하였다. 나는 아직 많은 것을 하나씩 배워나가야 하는 단계였기 때문에 처음 내가 가진 마음은 무척 중요한 것이었다. 그런 생각이었기에 나는 더욱 치열한 고민을 할 수밖에 없었다.

한 달간의 마음 정리 후, 나는 스스로도 놀라운 선택을 하였다.

2008년의 대부분을 그동안 하던 일과는 완전 다른 경험을 해보기로 결정하였기 때문이다.

주변사람들에게 내 계획을 말했을 때, 다들 나를 이해할 수 없다는 걱정스러운 반응이었다. 그동안 내 모습을 봐 온 사람들이라면 당연히 그렇게 느낄 수 있을 것 같았다.

"I believe the choice to be excellent begins with aligning your thoughts and words with the intention to require more from yourself."

(최고가 되기 위한 선택은, 자신에게서 더 많은 것을 얻어내려는 의지와 함께 자신의 생각과 말을 정렬하면서 시작된다고 믿는다.)

오프라 윈프리가 한 이 말처럼, 나는 내 자신에게서 더 많은 것을 얻어내고 싶은 마음에 비록 당분간 힘든 과정을 거칠지라도, 어려운 선택을 한 것이다.

나의 믿음

최선의 선택이라는 것은 없지만, 그 선택을 최고로 만들어 나갈 수 있다는 나의 믿음.

나는 2008년을 한 단계 더 뛰어넘는 한 해로 만들기로 하였다.

5
20대, 얻을 것과 포기해야 할 것

색다른 도전

2008년 8월. 양재동.

고층빌딩, 캠코타워는 강남대로로 이어지는 큰 도로 길옆에 우뚝 서있었다. 캠코타워 앞길은 강남역과 이어지는 길이었기 때문에 큰 회사들의 빌딩도 보였고, 깨끗한 정장과 유니폼을 입은 회사원들도 많이 지나다녔다. 그런 많은 사람들 사이에서 나는 아주 색다른 복장을 하고 길을 걷고 있었다. 위아래 땀으로 완전히 흠뻑 젖은 작업복이었는데, 두 손은 커다란 음식 잔반통이 실린 수레까지 밀고 있었다.

당시 나는 2008년 계획한 일 중 하나인 '육체적으로 정말 힘든 일'을 찾아서 시작하고 있었다. 내 자신을 스스로 돌아보고 세상의 많은 부분을 느끼고 싶어, 과감히 도전한 일이었다.

캠코타워 지하에 있는 굉장히 큰 구내식당에서의 일이었는데, 내가 맡은 일은 '식기세척과 잔반처리, 식당청소'를 하는 것이었다.

오전 10시에 출근하여 작업복으로 갈아입고 1000명이 넘게 앉을 수 있는 커다란 식당을 구석구석 청소하였다. 그리고 점심시간이 되면 긴 앞치마를 허리에 두르고 식기세척실로 들어갔다. 식기세척실에는 큰 세척기가 있었는데 이 기계에서 뿜는 열기는 정말 경험하지 않으면 상상조차 하기 힘든 것이었다.

　모든 것을 녹일 듯한, 수증기로 가득 찬 찜통 같은 느낌이었는데 좁은 공간 안에 식기를 세척하거나 정리하고 있으면 10분이 채 되지 않아, 작업복은 물론이고 속옷까지 흠뻑 땀으로 젖어버렸다.

　12시부터 2시까지 약 두 시간 동안 찜통 같은 그 세척실 안에서 500명이 넘게 식사한 1500개 이상의 접시와 밥그릇, 국그릇을 설거지하고 정리하였다.

　온 몸이 젖은 상태에서 세척실을 나오면 밥 먹을 기운이나 입맛이 모두 달아나 버려 점심은 거의 먹지 못하였다.

　그리고선 다시 식당을 청소하고, 식판을 닦다 보면 어느새 오후가 훌쩍 넘어갔다. 저녁시간 전에 남는 시간을 활용해 음식 잔반을 정리하고, 잔반통을 수레에 실어 버리러 가는데, 처음에는 이 시간이 나한테 가장 고통스런 시간이었다. 잔반을 버리는 곳이 빌딩을 완전히 나가서, 도로 쪽으로 가로 지른 뒤 빌딩 뒤 주차장에 있었기 때문이다.

　즉 거리에 있는 많은 사람들을 그 모습 그대로 지나쳐 가야 했다. 땀으로 흠뻑 젖은 작업복과 엉망으로 헝클어진 머리, 악취가 나는 잔반통 수레. 지나가는 사람들이 다들 힐끔힐끔 쳐다봤는데, 버리러 가는 10분간의 그 짧은 시간이 10시간처럼 길게 느껴졌다.

도전력

항상 깔끔한 정장 차림으로 화려한 많은 곳을 다녔던 나에겐 쉽게 적응하기 힘든 일이었다.

정말 힘들어서 한 주, 두 주 정도면 더 못하겠다고 포기할 것 같았는데, 어느덧 한 달이란 시간이 흘러 가고 있었다. 또 점심을 거의 매일 굶은 탓에 나날이 눈에 띄게 살이 빠지고 있었다. 하루 종일 식당에서 녹초가 되도록 일한 뒤, 잠자리에 들면 그냥 쓰러져 버릴 정도로 피곤한 상태였다.

그래도 매일 저녁 집에 와서 거울을 보면, 내 얼굴은 뭔지 모르게. 정확히 무엇인지 모르겠지만 뭔가를 느끼고 있는 듯한, 표정이었다. 어느덧 그렇게 한 달이 지나고 통장을 확인해보니 얼마의 월급이 입금되어 있었다. 돈의 액수와 상관없이, 너무 기쁘고 감사한 마음이 들었다. 정말 고생 끝에 얻게 된 대가였다.

그런데 갑자기 이런 생각이 들었다. 나는 이 한 번을 땀의 대가로 받은 거지만, 항상 이 월급을 받고 있는 사람들이라면, 과연 어떤 기분이 들까?

이 돈은 내 고생의 대가가 아니라, 거대한 사회 안에서 가장 힘든 일을 하는 사람들의 땀의 가치였다. 그래서 이 가치를 내가 세어 본다는 것은 의미가 없다고 생각하였다.

월급을 받은 날, 한참을 자리에 앉아 이 돈의 의미를 곰곰이 생각해 보았다. 내가 알고 있던 세상과는 전혀 다른 곳. 아주 작은 한 부분을 겪은 내가 과연 그 사람들 땀의 가치를 알고 있기나 한 걸까?

나는 핸드폰요금만 남겨두고 나머지는 그대로 찾아서 깨끗한 봉투에 잘 담아 부모님께 드렸다.

처음엔 부모님은 내가 갑자기 아르바이트를 한다는 것을 아시고는 몇 번을 말리셨다. 결국은 취지를 잘 설명 드리고 일을 시작하게 되었지만, 그래도 아들이 갑자기 힘든 일을 사서 하는 것이 못내 안타깝고 불편하신 것 같았다.

한 달간 정말 힘든 아르바이트를 마치고, 나는 며칠 정도 휴식한 뒤, 또 다른 아르바이트를 생각하였다.

이번에는 일도 힘들지만 가급적 많은 사람들과 섞여서 살아가는 이야기를 함께 나눌 수 있는 일을 찾기로 하였다. 힘든 일을 하는 그 순간을 헛되게 보내고 싶지 않았고, 같이 고생하는 사람들과 하나가 되어 많은 이야기를 나누다 보면 내가 지금 무엇을 하고 무엇을 느끼는지 제대로 알 수 있을 것 같았다. 아르바이트 사이트에 들어가서 이틀 정도 검색하다가 적당한 아르바이트를 찾게 되었다.

아주 특별한 대화

2008년 9월 새벽 5시에 눈을 떠서 마포에 있는 서울 가든 호텔로 가는 버스를 탔다.

호텔에 도착해서 주방직원들이 입는 유니폼으로 갈아입고, 기물과에 아르바이트 등록을 하였다. 아직 해가 뜨지 않은 호텔 밖 뒤편은 어스름한 분위기였다. 바닥에 보자기로 싸서 정리되어 있는 출장 뷔페용 기물들을 하나씩, 대기 하고 있던 트럭에 실었다.

새벽 공기를 가르고 트럭이 달려간 곳은 논현동에 있는 한 성당이었다. 아주 큰 성당이었는데, 보통 이 곳에서 결혼 예식을 많이 하기 때문에, 호텔에서 장소를 빌려 뷔페를 하는 곳이었다. 먼저 뷔페용 기물들을 조심스럽게 성당 안으로 옮기고, 다른 트럭을 타고 뒤따라 온 주방식구들과 함께 주방용 기구들과 음식재료를 안으로 옮겼다.

홀에서 일하는 웨이터식구들까지 모두 도착하자, 본격적으로 뷔페용 대열로 기물들을 나열하기 시작했다. 주방에서는 요리사들이 음식을 부지런히 만들고 있었고, 홀에서는 내가 일하는 기물 팀과 웨이터들이 정신 없이 뷔페형식으로 식당을 정리하고 있었다.

 한 시간 동안 모든 준비를 끝내고, 각자의 위치에서 손님들을 맞을 준비를 하였다. 요리사들은 음식들이 부족하지 않게 계속 따뜻한 음식을 만들어 내었고, 웨이터들은 부지런히 작은 주방으로 설거지 할 접시들을 날랐다. 세척을 하는 아주머니들이 식기를 헹구면, 나는 깨끗한 행주로 물기 없이 닦아서 한 쪽 구석에 차곡차곡 정리하였다.

 팔이 저릴 정도로 정말 정신 없이 일하다 보니 금방 저녁 9시가 넘어가고 있었다. 다시 바쁘게 기물들을 깨끗이 닦고 보자기에 하나씩 싸서 트럭으로 옮겼다. 주방기구들과 음식 잔반들까지 남김 없이 모두 같이 실은 뒤, 저녁 10시가 넘은 한 밤중에 호텔에 도착하였다.

 호텔에서 아르바이트를 시작한 첫 날은 출장 뷔페를 다녀왔지만, 그 후 한 달 간은 거의 호텔 안에서 일했다. 보통 오후 2시에 출근하면, 야외 바비큐 가든에서 손님들이 드시고 난 접시를 정리하고, 기물들을 닦았다. 저녁에는 홀에서 열리는 각종 행사 기물들을 정리하고 여러 잔심부름들을 하였다. 접시를 나르고 심부름을 하다 보니까, 자연스럽게 주방장들, 홀의 웨이터들, 기물과의 아주머니들, 객실을 청소하는 아주머니들과 인사를 나누고 대화를 하게 되었다. 다들 많지 않은 보수에 무척 힘든 일을 하고 있었지만 각자의 역할에 한 치의 오차 없이 책임을 다하였고 그 모습은 매우

도전력

인상적이었다. 호텔은 철저히 서비스정신으로 무장해야 일할 수 있는 곳이기 때문에, 친절과 밝은 인사가 모두 몸에 배여 있는 것 같았다. 정말 육체적으로 힘들고, 또 다양한 손님들을 대해야 하는 정신적 스트레스를 대부분의 일하는 분들은 모두 웃음으로 이겨내고 있었던 것이다.

대학교 3학년 때 부모님이 운영 하신 편의점에서 일했던 순간들이 새삼 떠올랐다. 그때도 여러 일들을 하면서 무척 힘들었는데, 힘든 표정을 잘 숨기지 못했던 나와 다르게, 부모님은 항상 손님들에게 웃으면서 따뜻하게 대하셨다. 본인들보다 훨씬 어리고 무례한 손님들에게까지도.

호텔에서 일하는 동안, 특별했던 경험 중 하나는 같이 일하는 식기세척 아주머니들과 다양한 이야기를 많이 나눴다는 것이다.

처음에는 아주머니들과 어울릴 수 있는 소소한 이야기들을 시작하였지만, 그 분들이 더 넓은 대화를 하지 못할 것이라고 생각한 건 나만의 오만과 잘못된 생각이었다. 세상 살아가는 이야기부터, 시사적인 다양한 이야기들까지. 아주머니들과 나눌 수 있는 대화는 나의 좁은 생각들을 채워주기에도 부족함이 없었다.

힘든 일을 하고 있는 사연부터, 그 일을 하면서 느끼는 점들을 이야기 할 때는 눈시울이 뜨거워지기도 하였다. 사회의 책임 있는 리더들에 대한 신랄한 비판은 내 가슴 한 쪽을 뜨끔하게 만들었다. 자녀들에 대한 기대와 애정은 여느 어머니와 다를 바 없는 부모님의 뜨거운 사랑을 고스란히 느끼게 해주었다.

사회의 스펙트럼이 얼마나 넓고 다양한지, 나만 잘 모르고 있었나 싶을 정도로 매일 매일이 새롭게 배우고 깨닫는 순간이었다.

'식기세척 아주머니들과의 특별한 대화'는 나에게 사회에 대한 새로운 눈을 뜨게 해주고 있었다. 그 시선을 느낄 수 있었다는 것은 나에게 굉장한 경험이었다. 그래서 꼭 다시 한 번 이곳에 돌아오리라 마음먹게 되었다.

그때는 아주머니들의 말에 무엇이던 직접적인 도움을 드려야겠다는 생각을 하면서.

한 달 뒤, 나는 힘들었지만 많은 것을 느꼈던 호텔 아르바이트를 마쳤고, 그 후 한 달 간 더 대형출판사 물류센터 정리 작업, 대여 서비스 작업, 가구 나르는 작업 등. 힘들 것 같다고 생각되는 일은 모두 선택하여 일하였다.

대학생 때도 한 번 도전해보지 못했던 갖가지 힘든 아르바이트들을 하며 몇 달의 시간을 보냈다. 비록 몸은 너무 힘들고, 또 견디기 힘든 순간도 여러 번 있었지만, 그 시간은 나에게 살아있는 배움이고 진정으로 값진 경험이었다.

그 시간 동안은 정말 눈물이 날 것 같은 절실한 마음으로, 28살 청년 구직자의 입장에 서있어 보기도 하였고, 작은 희망이라도 잡기 위해 하루하루를 힘겹게 보내는 분들과 땀을 섞고 함께 하나가 되었다.

그동안, 내가 그분들에게 어떤 희망적인 이야기를 해줄 것이라는 생각과 달리, 오히려 나에게 희망을 잃지 말라며 물 한 모금을 건네는 분들과 같이 있었다.

내가 감히 그런 분들에게 희망을 논할 수 있었겠는가.

그 분들 자체가 각자의 자리에서 이미 대한민국을 움직이고 있는 희망이었는데.

그동안 내 주위만 바라보며 왜 나만 자꾸 힘든 거냐고 투덜거린 내가 그렇게 한심해 보일 수가 없었다. 과연 나만 힘들었는지.. 아니면 내가 보지 못하고, 생각하지 못한 한 쪽 세상의 모든 가장자리가 여전히 힘든 것이었는지.

가장 낮은 곳에서 바라본 세상.

내가 미처 느끼지 못했지만, 가장 빛나는 시선으로 바라보아야 할 곳이었다.

처음 한 달 식기세척 아르바이트를 하며 집에 와서 거울을 보며 느꼈던 알듯 모를 듯한 표정. 이제야 알 것 같았다.

그 표정은 그동안 내가 다른 모습으로 돌아보지 않았던 내 중심으로 가득 찬 자신의 모습을 이제 조금씩 느끼고 있는 표정이었다.

2008년 10월 말. 두 달 뒤 다시 거울을 보았을 때는 살이 정말 많이 빠져서 앙상하게만 보이는 얼굴이었지만, 아주 조금 더 깊이 있어 보이는 얼굴이 된 것 같았다.

두 눈의 눈빛도 몇 년 전에 보았던 내 처음 그 모습과 다시 닮아 있었다.

나는 아직도 여전히 세상을 잘 모른다.

헤아릴 수 없는 그 넓은 세상을 경험해 보지 않고, 감히 어떻게 잘 안다고 말할 수 있겠는가. 단지 세상을 조금씩 느끼고 있는 나를 돌아보면서 자신을 알아갈 뿐이다.

하지만 그렇기 때문에, 세상을 아직 경험해 보지 못했기 때문에 감사하다.
더욱 더 많은 것을 도전해보고 경험해 볼 수 있으니까. 그만큼 내가 더 성장할 수 있을 테니까 말이다.

새로운 방법으로 도전하라

2008년 처음 아르바이트를 시작한 8월보다 3개월 전, 나는 20대에 꼭 해보고 싶었던 특별한 계획을 한 가지 실행하였다. 그 계획은 여행을 가는 것이었는데, 요즘 젊은 사람들이 많이 떠나는 해외여행이나, 또는 휴식을 위해 가는 여행이 아니었다.

나 자신을 깊이 있게 되돌아볼 수 있는 시간이 필요했기 때문에 천천히 생각하고 건강도 챙길 수 있는 도보여행에 도전 해보기로 한 것이다.

5월 1일. 친구와 함께 비상금 10만 원과 지도 한 장만 달랑 들고 강릉행 버스에 올랐다. 몇 년 동안 여행을 해본 적이 없었고, 걸어서 여행해 본 적은 단 한 번도 없었기 때문에 설렘보다 조금 걱정되는 마음이 앞섰다.

저녁 7시쯤 강릉에 도착하였고, 우리는 안내소에서 자세한 강릉지역 지도 한 장을 얻어 첫 번째 목표지점을 정동진역으로 정했다. 지도상으로는 가까워 보였기 때문에 9시 정도에는 도착할 것 같았다.

친구와 파이팅을 외친 뒤 드디어 강릉에서 나가는 7번 국도 좁은 갓길에 올랐다. 처음에는 의욕에 넘쳐 빠르게 걸었는데, 점점 서로의 속도에 맞추며 천천히 걷게 되었다. 그렇게 30분 정도 걸었을 때였다. 우리는 뭔가 잘못되고 있다는 생각을 하였다. 한밤중이 되도록 차들의 속도가 줄어들지 않고 있었던 것이다. 밤중에는 차들이 저속운행 할 거라는 생각과 달리, 도로가 한산해지니까 오히려 더 빠르게 달리고 있었다.

우리는 조금 더 걷다가 결국 안전한 길을 찾아 가기로 결정하였다. 그래서 왔던 길을 다시 되돌아갔다. 국도에서 나온 뒤 같이 지도를 보고 다른 길을 찾았는데, 바다 쪽으로 가서 해변으로 곧장 따라가는 길이 있었다. 바다를 보며 여행분위기도 낼 수 있고, 또 가장 안전한 길인 것 같아 이 길을 가기로 하였다.

이번엔 성공하자며 다시 파이팅을 외치고 길을 걸었다. 예상과는 달리 해변까지 실제 거리는 상당하였고, 거의 저녁 11시가 다 되어서야 해변에 도착하였다. 그런데 허기를 달래려고 들어간 가게에서 주인아주머니 말을 듣고 또 한 번 실망할 수밖에 없었다. 중간에 군사시설이 있기 때문에 해변을 따라 곧장 갈 수 없다는 것이었다. 우리는 어쩔 수 없이, 다시 왔던 길을 되돌아 나갔다.

그 날 밤에 그러기를 한두 번 더 반복하였고, 결국 걸음을 못 걸을 정도로 발목이 상할 때쯤인 새벽 4시에 이르러 정동진역에 도착하게 되었다.

힘들게 도착했다는 감격에 서로 환호성을 지르고 바닷가 벤치에 앉았는데, 얼마 후 우리는 또 하나의 문제에 부딪히게 되었다. 5월이었는데도 바닷가 바람과 추위는 한 겨울 같은 느낌일 정도로 추웠던 것이다. 하지만 비상금이 너무 적었기 때문에 숙박을 할 수는 없었고, 여벌로 가져온 옷을 꺼내어 버티는 수밖에 없었다.

그렇게 추위 속에 떨면서 아침 일출을 보았고, 우리는 다음 목적지인 동해시로 향했다. 그런데 여기서도 문제가 생겼다. 동해시로 가려면 들어왔던 길을 다시 나가서 한참을 우회해야 한다는 것이었다. 심신이 지친 우리 몸 상태로는 거의 불가능한 일이었다.

이렇게 처음부터 좌충우돌하며 난관에 부딪힌 우리의 무전 도보여행은 결국 어떻게 되었을까? 첫 날부터 각 종 어려움에 봉착하고 발목까지 다쳤으니, 제대로 여행하는 것은 불가능해 보였다.

그런데 이 여행의 결과는 놀라웠다. 우리는 여행을 6일이나 한 것이다. 그리고 마지막 6일째는 강릉에서 무려 270km나 떨어진 포항시에서 힘차게 걷고 있었다.

어떻게 이런 일이 가능했을까?

친구와 나는 첫 날의 어려움과 실수를 교훈 삼아 이틀째부터는 각자의 장점에서 서로 리더가 되어, 수십 개의 리더십을 발휘하며 걸었던 것이다. 예를 들어 나는 전체적인 방향을 잘 보았기 때문에 여행의 큰 그림을 그리는 리더가 되었고, 친구는 작은 길과 표지판을 잘 보았기 때문에 세부적인 길을 리드하는 리더가 되었다. 그 외에 음식과, 잠자리 그리고 비상금을 어떻게 쓸 것인지도 서로의 장점을 믿고 리더와 팀원이 되어 결정하고 행동 하였다.

우리의 이 창조적이고 역동적인 팀워크는 강릉시-정동진역-동해시-삼척시-울진군-성류굴-평해읍-후포항-금곡리-영덕군-포항시까지 270km라는 엄청난 거리의 무전 도보여행을 가능하게 하였다. 매일 40~50km를 걸었고 길가에서도 잠을 잤지만, 첫 날과 비교할 수 없을 정도로 몸과 마음이 안정되어 있었다.

이 여행은 세 가지 키워드로 표현할 수 있었는데, 그것은 바로 '창조', '도전정신', '팀워크'였다.

경험해보지 못한 새로운 환경에서 매일매일 창의적 방법으로 여행을 진행한 것은 '창조', 많은 위험과 어려움에도 목표를 향해 끝까지 간 것은 '도전정신', 그리고 구성원이 서로 리더와 팀원으로, 각자의 장점을 살려 팀을 이끌며 배려하고 한 팀이 되었던 것은 '팀워크'였다.

이러한 세 가지 키워드는 그동안 내가 해왔던 활동에서도 아주 중요한 가치였다.

'다양한 외교활동', '20대와 대학생을 위한 활동', 그리고 '정치 참여'에서 나는 때로는 스스로 결단이 필요한 1인 모험가로, 때로는 많은 사람들을 아우르고 리드해야 하는 강력한 리더로써, 또 때로는 조직의 일원이 되어 톱니바퀴처럼 빈틈없는 행동이 필요했던 팀원으로 움직이고 결정해야 했다.

몇 년 동안 항상 예측할 수 없는 환경과 미래를 향해 나가야 했고, 선택과 결정에 있어 많은 실수와 실패를 거듭하며 새로운 것을 배워야 했다. 또한 그 과정에서 늘 새로운 길에 도전하였고, 난관에 부딪힐 때마다 다른 길을 찾아서라도 반드시 헤쳐 나가려 노력하였다.

친구와 함께 떠났던 이번 여행은 그러한 몇 년간 나의 활동 과정을 요약해 보여 주는 것이었다.

처음 대학생 때 미국대사님과 외교통상부 장관께 편지를 썼던 순간부터, 혼자 힘으로 국제회의를 개최했던 순간, 많은 곳에서 종횡무진으로 외교활동을 한 모습, 모두 후원을 거절했지만 결국 하나씩 전부 이뤄낸 비전과 희망의 행사들, 시청의 공무원으로 과감히 새로운 도전을 진행했던 모습, 20대에 정치에 참여하여 특별한 경험과 힘든 선택을 한 순간들, 27살 최연소로 대통령직인수위원회에 참여해 큰 그림을 보았던 시간.

이 모든 순간이 나에게 창의적인 생각과, 끊임없는 도전, 스스로에 대한 고민과 과감한 리더십을 필요로 한 시간이었다.

만약 내가 새로운 환경과 변화를 두려워했다면 한 순간도 숨쉬기 힘든 상황이었을 것이다. 그리고 도전과 결단을 걱정했다면 한 발자국도 전진하기 힘들었을 지도 모른다.

이 여행에서 돌아온 뒤, 나는 새롭게 경험하기로 한 일을 구체적으로 준비하기로 하였다. 힘들었던 여행이 인수위에서 나온 후 내가 했던 생각을 다시 한 번 확고히 정리하게 해 준 것이다.

스스로 계속해서 변화하고, 창의적으로 성장하기 위해서는 더 많은 경험과 노력, 도전이 필요하다고 생각하였다. 그 도전들 속에서 새로운 가치를 배우고, 중요한 능력을 기를 수 있다면 결코 손해 보는 시간이 아닌 것이었다.

만약 자신이 현재 도저히 앞이 보이지 않는 어려움에 부딪혔다면, 과감히 새로운 방법을 시행해 볼 필요가 있다. 그 방법이 비록 검증되지 않았더라도 더 많은 상황들을 만들어 낼 수 있을 것이고 당연히 더 많은 기회들을 주게 될 것이다.

자신의 뒤에 백만 대군이 있는 리더가 아닐지라도 스스로를 이끌 수 있는 리더십도 키워야 한다. 현실을 냉정히 파악하고, 이상을 향해 자신을 이끌어야 하는데, 현실을 마치 이상으로 착각하고 그 주변에서만 머물러 있다면 그저 몽상가가 되는 것이다.

나는 지금 한국의 많은 20대와 대학생들이 겪는 어려움을 무척 안타깝게 생각한다. 현실적으로 그들에게 미래를 꿈꿀 수 있는 일자리가 정말 절실하고 중요할 때라는 것도 잘 알고 있다.

하지만 나는 그들이 그 보다 더 중요한 것을 절대 잊지 말았으면 하는 바람이다. 그것은 자기 자신을 알아가는 방법과, 그리고 자신만이 꿈꿀 수 있는 비전과 희망이다.

"You, Never give up!", (포기하지 마라!)
"You, Never give up!", (절대 포기하지 마라!)
"You, Never give up!!!" (절대 포기하지 마라!)

영국의 위대한 리더이자 수상, 윈스턴 처칠이 옥스퍼드 대학교 졸업식 축사로 말한 이 명언처럼 우리는 그 어떤 희망과 꿈, 비전도 결코 포기해서는 안 된다.

그리고 두려워하지 말고, 변화를 걱정하지 말고, 도전을 절대 망설이지 말아야 한다.

비록 지금은 아득히 보일지 몰라도, 앞으로 맞이할 기회들은 생각보다 결코 멀리 있지 않기 때문이다.

꿈꾸는 것과
꿈을 가지는 것의 차이

2008년 초여름. 전국을 뒤덮은 촛불, 그리고 연일 언론을 통해 보도 되는 관련된 내용들을 보면서 나 역시 많은 생각을 하게 되었다.

그 상황에 대해서는 개인적 생각을 함부로 말할 수는 없다. 하지만 한 가지 분명히 느낀 것은 세상은 '위로부터 바꾸는 것이 아니라, 모두로부터 변화가 일어나게 해야 한다' 는 것이었다.

무전 도보여행을 다녀오고 힘든 아르바이트들을 하면서, 나는 8개월간 정말 가장 낮은 곳에서 경험하고 생각하며, 스스로를 돌아보는 시간을 가졌다.

지하철 비용을 아끼기 위해, 매일 몇 정거장씩 걸어 다녔고, 땀 냄새가 가득한 곳에서 온몸의 힘이 다 빠질 정도로 힘들게 일하였다.

정장을 입고 출근하는 사람들 사이에서 허름한 작업복을 입고 서있었고, 장대비가 내릴 때 비를 흠뻑 맞으며 도로 한 가운데서 하수구를 정비하기도 하였다. 새벽시장에 나가 시급을 제때 받기 위해 물건을 배달하며 숨이 가슴에 가득 찰 정도로 뛰어다녔다.

대기업 사무실에 들어가 직원들의 짜증을 받으며, 땀이 범벅이 된채 무거운 가구와 책상들을 나르기도 하였다.

분명 짧은 순간의 경험이지만, 세상이 왜 변화 되어야 하는지 그리고 어떻게 변화해야 하는지 느낄 수 있는 소중한 시간들이었다.

나는 마지막 아르바이트를 마친 뒤 이제는 내 비전만을 위해서가 아니라, 좀 더 세상에 변화를 줄 수 있는 일을 찾아보기로 하였다. 그동안 고민하고 나를 돌아봤던 시간들을 잘 정리하고 이제 다시 정식으로 일을 시작해야겠다고 생각한 것이다.

그동안 연락하지 못했던 많은 사람들과 다시 만나면서, 이러한 내 생각에 대해 조언을 구하고 의견을 물었다. 많은 분들이 나에게 훌륭한 조언을 해주셨고 그 조언들과 생각을 바탕으로 내가 어떤 일을 하는 것이 맞을지 몇 가지 큰 그림으로 그릴 수 있었다.

내가 생각한 분야는 크게 네 가지였다. 첫째로 처음 내가 활동을 시작할 때처럼 외교 분야에서 다시 일해보고 싶었다. 글로벌 환경이라는 큰 틀에서 국가의 시스템과 역할을 볼 수 있는 일이었기 때문이다. 두 번째는 컨설팅 분야였다. 당장 어떤 의미가 있는 것은 아니지만, 제3자의 입장에서 다른 조직과 집단을 분석하는 능력이 나중에 나에게 필요할 수 있다고 생각하였다. 세 번째는 사회사업이었다. 우리가 미처 돌아보지 못하는 많은 곳에 도움의 손길을 전할 수 있는 일을 경험해 보고 싶었다. 마지막으로 언론이나 홍보와 관련된 일이었다. 그동안 내가 쌓아온 커리어와 가장 잘 맞았고 언론은 세상을 보는 또 하나의 눈이었기 때문에 내 생각의 깊이를 더

할 수 있을 것 같았다.

　사실 이런 일들 중에 하나를 하겠다고 결정을 내렸을 때, 사람들은 내가 다시 정치를 하거나 훌륭한 커리어를 활용해 대기업의 좀 더 핵심적인 일을 하려 하지 않는 것에 의아해 했다. 단편적으로 본다면 분명 정치에 다시 참여하거나 대기업에 입사하는 것이 도움이 될 수 있었다. 하지만 내 생각은 조금 달랐다.

　작은 일을 하나 하더라도 나에게 있어 지금이 아닌, 미래를 볼 수 있고, 동시에 의미가 있는 일이어야 한다고 생각했기 때문이다.

　이제 스물여덟이다. 아직 너무 젊은 나이. 그리고 어떤 풍파에도 맞서고 도전할 수 있는 나이.

　나는 시간이 지나서 미래에 내 비전을 바로 앞에 두고 있을 때, 지금 하는 모든 일들이 하나하나 훌륭한 토양분이 될 수 있길 원했다. 그리고 많은 사람들이 고개를 끄덕일 수 있게 되길 희망했다. 그래서 어쩌면 20대에 내가 하는 활동의 마지막 선택이 될 수 있는 이번 일을 아주 신중히 정하고 있었다.

　거의 매일 인터넷에 나온 각종 취업 정보들과, 가고 싶은 분야의 정부나 공공기관 자리들을 체크하였다. 10월 한 달 내내 여러 정보와 이야기들을 듣고, 부족한 부분들을 공부하며 구직자의 입장이 되어 다시 취업 준비를 열심히 하였다.

　그러던 중 11월초가 되었다. 여느 때처럼 취업정보를 체크하고 있는데, 외교통상부 산하 한국국제협력단(KOICA)의 홍보관을 공모하는 내용을 보게 되었다. 내용을 읽어 보고, 좀 더 자세한 정보를 찾았는데 그동안 내가 원했던 부분에 가장 많이 부합되는 곳이었다. 한국의 공적개발원조ODA외교를 주도적으로 수행하는 기관이었고, 해외원조와 봉사라는 따뜻한 의미도 가지고 있었다. 그리고 홍보관이라는 자리도 언론과 홍보를 다루는 전문직이라는 점에서 내가 생각했던 세 가지를 모두 충족시키고 있었다. 내 생각을 정리한 뒤, 가깝게 상의할 수 있는 많은 분들의 조언을 다시 구하게 되었다.

어느 정도 생각을 정리한 뒤, 지원 자격과 요건에 맞게 여러 서류를 준비하고 자기소개서와 이력서 등 기본적인 서류까지 모두 구비해서 서류심사에 응모했다.

특별히 걱정되는 점은 없었지만 수행해야 하는 임무와 직책에 비해, 내가 지나치게 어리다는 점이 단점이었다. 아직 20대인 사람을 정부기관에서 전문직으로 채용한다는 것은 모험일 수 있기 때문이다.

약 2주 후에 서류심사 결과가 통보되었는데 다행히 합격이었다. 비록 나이는 어렸지만, 그동안의 커리어는 신뢰가 갈 수 있는 내용들이었기 때문에, 첫 번째 관문은 통과되었던 것이다. 응모한 직책이 전문직이어서 따로 필기시험은 없었고, 대신 면접시험이 기다리고 있었다.

나는 면접을 위해 한국국제협력단이 하는 여러 사업과 그 의미들을 자세히 읽어보았다. 그리고 내용들을 자세히 알수록 내 선택이 훌륭했다는 생각을 하게 되었다.

원래 관심을 가지고 있었던 한미관계나 동북아 문제 등 주요 외교 사안에 대한 시선을 중동, 아프리카, 남미, 아시아 등 폭넓은 관점까지 볼 수 있다는 점이 정말 매력적이었다. UN, OECD와 같은 여러 국제기구들과 함께 직접적인 협력 사업이나 프로젝트를 진행한다는 점도 나에게 큰 경험이 될 것 같았다.

그리고 무엇보다 우리가 지난 시간 오랫동안 국제사회의 도움을 받아온 것처럼 이제는 선진국의 반열에 올라섰기 때문에 어려운 국가들을 도와주고 따뜻한 마음을 나누는 일은 당연하다고 생각되었다. 국제협력단이 하는 ODA사업은 가치 있고 무척 소중한 일인 것이다.

내가 해야 하는 일은 이러한 국제협력단의 다양한 국제협력사업과 의미 있는 사업들을 국민에게 알리고, 언론에 보도되도록 하는 일이었다. 합격을 하게 되면 앞으로 내가 할 일들을 상상해보면서 면접을 하기 전부터 벌써 가슴이 두근거렸다.

어느덧 면접날이 되었고, 면접관들께 이러한 내 생각과 그동안 해온 일들을 소개하였다. 내가 할 수 있는 일들에 대해 자신감 있게 말하고, 기회가 현실이 된다면 최선을 다해 실력을 발휘하겠다고 하였다. 이 곳에서 일하게 될 일들은, 상상을 하기만 해도 왠지 모르게 가슴 뿌듯해질 것 같았고, 그러한 내 마음을 솔직히 표현하였다.

며칠 후, 간단한 내용이었지만 정말 기쁜 합격통보를 받았다.

다시 한 번 내 삶의 새로운 막이 열리게 된 것이다.

2008년. 정말 많은 것을 생각하고 느끼며, 또 가장 힘든 일들을 일부러 선택하고 지금까지와 전혀 다른 경험을 하게 된 나.

나는 그동안 세계적인 석학들과 리더들에게 극찬을 받았던 대학생, 불가능을 가능으로 만들었던 젊은 민간외교관, 최연소 대선캠프 실무자, 대통령직인수위의 역대 유일한 20대 참가자였다.

하지만 이 모든 화려한 타이틀을 버리고 한 해를 온전히 스스로 깎아내고 부서지며 다듬어지는 시간으로 보냈다. 나에겐 식기세척, 호텔 연회 보조, 시장 배달, 가구 나르는 일용직 근무자, 공사 현장의 일당 아르바이트도 전혀 어색하지 않았다. 분명 김정훈이라는 사람은 한 명이지만, 정말 중요한 것은 '어떤 일을 하느냐'가 아니라 '어떤 마음을 가지고 살아가느냐'였기 때문이다.

2008년 11월 24일 나는 한국국제협력단의 홍보관으로 첫 출근을 하게 되었다. 두 시간 가까이 되는 출근길이지만 나는 언제나 그랬듯이 환희로 가슴에 가득 차 있었다. 스물여덟 내 젊음과 열정이 살아있다는 증거였다. 아니. 내 꿈과 비전이 여전히 살아 숨 쉰다는 증거일지도 모른다.

나는 아직도 생각한다. '세상은 바꾸는 것이 아니라, 변화가 일어나게 해야 한다'고.

그래서 나는 내가 그 변화를 말할 수 있는 사람이 되길 오늘 하루도 간절히 소망하고 있다.

가장 역동적인 언론홍보 전문가

　　한국국제협력단에서 일하며 어느새 2009년 새해를 맞이하게 되었다. 지난 몇 개월 동안 외교통상부 출입기자들을 귀찮을 정도로 부지런히 만나고, 국회와 청와대 등 관련기관 부서에 가서 우리기관을 설명하고 홍보하고, 여러 언론의 사회부와 국제부 등 수많은 기자들을 찾아 다니고.. 정말 눈코 뜰 새 없이 한 달의 짧은 시간이 훌쩍 흘렀다.

　　요즘은 주요 신문지면과, 각 인터넷 포털사이트 기사, 여러 주간지와 월간지 등에서 '한국국제협력단' 과 'KOICA' 에 대한 뉴스를 자주 볼 수 있게 되었다. 외교통상부 산하의 한 정부기관 정도로만 알고 있던 많은 사람들의 인식도 눈에 띄게 변화하고 있는 중이다.

　　2008년 12월 29일, KOICA에 들어온 지 한 달 만에 내가 쓴 기고문이 언론에 실렸다. 나에게 많은 사람들이 도대체 어떻게 한 일이냐고 신기한 듯이 물었다. 신문 기고문은 아무리 좋은 글이더라도,

시의 적절성과, 그 기관의 성격, 기고자의 위치, 기관과 신문의 관계 등을 고려하여 선정되기 때문에 쉽게 실릴 수 있는 글이 아니었다.

내 글도 물론 쉽게 실린 글은 아니었다.

그동안 여러 기관에서 일할 때, 신뢰를 쌓으며 좋은 관계를 맺어온 기자와 신문사의 배려로 가능한 일이었다. 더불어 나 역시 시의 적절한 주제이면서, 우리 기관을 최대한 자연스럽게 홍보할 수 있는 글을 썼기 때문에 선정될 수 있었다.

나는 외교, 국제문제, ODA와 같이 국제협력단과 관련된 일이 아니더라도 경제, 경영, 사회, 정치와 같은 여러 분야에서 현 시점의 가장 뜨거운 이슈가 무엇인지 항상 인지하고, 분석했다. 그리고 향후 주요이슈들이 어떻게 진행될 것인지 등도 고민하여 메모해 두었다. 이런 여러 가지 빠른 현실감각들이 다양한 주제로 기관 홍보를 가능하게 한 것이다.

아침에 보는 16개 조간신문뿐 아니라, 4개의 석간신문, 2개의 통신사, 9개의 방송사에서 나오는 수많은 뉴스에 항상 눈과 귀를 열어두어 하루하루 체크하였다.

기후변화, 미래산업 발전방향, 경제, 사회 분야의 주요 리더들의 행보. 이러한 정보들도 나에겐 중요한 소스와 홍보재료가 되었다. 주요기관 CEO들의 동정도 나에겐 훌륭한 정보였다. 남들보다 조금 더 일찍 일어나고, 조금 더 늦게 자면서, 다양한 정보들을 꼼꼼히 체크하는 일이, 홍보관으로서 중요한 하루 일과가 되고 있었다.

또한 국제협력단의 주요업무인 ODA와 관련된 다양한 국제서적들과 고급보고서를 읽으며, KOICA의 일이 완전히 '내 일'로 몸에 맞을 수 있도록 노력하였다. 언론홍보전문가로써 언론과의 관계뿐 아니라, 주요 사업정보들에 대한 공부도 필수였기 때문이다.

나는 이러한 습관이 향후 어떤 곳에서 일하게 되더라도 그 기관을 위해 최상의 언론홍보를 할 수 있는 바탕이 될 것이라고 믿는다. 남들보다 빠르게, 남들보다 더 많이, 남들보다 더 부지런히. 이 세 가지 원칙이 나의 언론홍보 법칙이기 때문이다.

지금 국제사회와 환경은 너무나 빠르게 변화하고 있고, 이런 빠른 변화들은 국내시장의 많은 부분에 큰 영향을 주고 있다. 이런 환경일수록, 각 기관과 단체의 홍보는 무척 중요한 일이다. 이것은 비단 어떤 기업이나 기관에만 한정되는 이야기가 아니다. 넓게는 한 '국가'에도 적용되는 아주 중요한 부분이다. 국제사회에서 그 나라의 위치는 곧 국가의 브랜드이자, 경쟁력이기 때문이다.

나는 이렇게 중요한 국제, 외교 분야기관의 언론홍보전문가로서의 경험하게 된 것을 무척 감사하게 생각한다. 나에게 더 넓은 시선과, 더 풍부한 기회를 주게 되었기 때문이다.

가장 역동적인 언론홍보 전문가로서 첫걸음을 내딛게 된 것이다.

한국국제협력단의 홍보관으로 일하며 언론에 실린 나의 첫 기고문은 '서울경제 12월 29일 칼럼'으로 '함께 해야 할 지구촌 공존.'이라는 제목으로 기고되었다.

이 칼럼은 몇 군데 포털 사이트의 블로그에서 '오늘의 칼럼'과 '2008년 올해의 칼럼'으로 선정되면서 많은 사람들에게 큰 호응을 받았다.

이어 2009년 2월 5일에는 세 번째 기고문을 내게 되었고, '국가브랜드를 높이자'라는 내용으로 '아시아경제' 신문에 기고되었다. 이 기고문 역시 여러 블로그에서 '우수 칼럼'으로 평가받으며 큰 관심을 받게 되었다.

세 번째 기고문은 아래와 같다.

[특별기고] 국가브랜드 가치를 높이자
김정훈 한국국제협력단(KOICA) 홍보관

최근 국제사회 속에서 한국의 위상강화와 브랜드재고를 위한 정부, 각계의 노력이 잇따르고 있다. 지난 22일 공식출범한 국가브랜드위원회 발족, 16일 정부에서 진행한 OECD 개발위원회 가입신청, 29일 스위스 다보스포럼에서 열린 한국의 밤 개최 등 그 어느 때보다 '국제사회 속 한국위상 높이기'가 적극적으로 이뤄지고 있는 것이다.

또한 얼마 전 스페인 마드리드에서 열린 식량안보고위급회의에서도 한국이 앞으로 3년간 WFP등 국제식량기구를 통한 2,500만 달러 상당을 지원하겠다는 내용을 발표하였다. 이 역시 한국의 위상을 강화하는 좋은 기회가 될 것으로 보인다.

이처럼 최근 정부와 재계 등 한국사회 전반에서 '국가브랜드제고'와 '한국위상강화'를 노력하는 것은 무척 반가운 일이다. 그동안 한국은 세계 13위 경제대국이라는 타이틀이 무색할 정도로 국가브랜드 가치가 실망스러운 수준이었다. 코트라에서 발표한 2008

년 한국의 국가브랜드가치를 보더라도 세계 30위권 밖이라는 저조한 성적이다.

우리의 국가브랜드 가치는 미국 143%, 일본 224%에 훨씬 못 미치는 30%수준이라고 한다. 이것은 곧 한국 저평가현상(Korea Discount)과 직결된다고 볼 수 있다.

우리가 무역과 수출을 경제기반으로 하는 국가임을 감안할 때 이름 알리기조차 미미하다는 사실은 분명 문제의식을 가져야 하는 부분이다.

민간부문과 재계에서 한국의 제품을 훌륭히 세일즈 하고, 문화외교를 펼치는 것이 국가브랜드를 높이는 일이라면, 정부차원에서는 ODA지원확대, 인도적 지원 등 국격에 맞는 국제사회 속 한국 역할을 찾는 것을 말할 수 있다.

이는 연초 이명박 대통령과 반기문 UN사무총장과의 대화에서 '이제는 한국이 국제사회에 기여할 때' 라고 언급한 것과 같은 맥락이다.

최근에 이러한 좋은 예로써 한국국제협력(KOICA)이 필리핀에 무상지원 하여 건설한 '한·필리핀 친선병원'을 들 수 있다. 필리핀 보건부와 카비테주 정부는 한·필리핀 친선병원 개원에 따라 카비테주 영아사망률과 산모사망률이 크게 감소해 필리핀 평균 이하로 떨어졌으며 유엔이 정한 MDGs(천년개발목표) 기준을 초과 달성했다고 밝힌 바 있다.

이는 한국의 위상을 높이고, 동시에 국제사회의 도움이 필요로 하는 곳에 한국이 함께할 수 있다는 긍정적 효과도 확산시킬 수 있다고 생각한다.

80년대 한국이 놀라운 속도로 경제성장을 이루자, 국제사회에서는 한국을 '아시아의 용'이라는 호칭으로 부르기 시작했다.

이제는 '아시아의 용'이라는 호칭과 더불어 '한국의 위상을 높일 수 있는 브랜드'도 함께 만들어져야 할 때라고 생각한다.

그 브랜드는 경제와 무역 강국으로써의 '글로벌 코리아', 전통문화와 현대가 어우러진 '다이내믹 코리아', 더불어 국제사회에 많은 기여를 할 수 있는 'ODA 코리아'로 말할 수 있다.

국가브랜드가치 제고를 전담하는 정부기관이 생겼고, 사회 각계에서 '한국 알리기'에 관심이 높아진 이때에, 외국뿐 아니라 국내 곳곳에도 적극 홍보하여 국민들의 많은 관심이 이어졌으면 하는 바람이다.

한국 알리기와 한국의 위상 높이기는 정부와 재계 등에서만 하는 것이 아니라 국민 개개인 모두가 함께해야 그 의미를 더할 수 있기 때문이다.

2009년 한국의 브랜드가치와 국가위상이 크게 높아질 수 있는 한 해가 되길 희망해본다.

〈아시아경제 2009년 2월 5일〉

내가 앞으로 나갈 수 있었던 이유

내 방 책장에는 강헌구 교수가 지은 《아들아, 머뭇거리기에는 인생이 너무 짧다》(강헌구 저, 한언)라는 책이 있다. 이 책은 150만부가 넘게 팔린 초대형 베스트셀러이다.

이 책을 펼치고 몇 장을 넘기면 '사랑의 메시지' 라는 난이 나오는데 이곳에는 이런 말이 쓰여 져 있다.

자랑스러운 나의 아들 정건아.
23번째 생일을 축하한다.
나는 돈으로 너를 힘껏 도와줄 수는 없지만, 그 대신 지혜를 너에게 선물하고 싶구나. 이 70꼭지 이야기들을 되새김질하면서 그것을 터득하고 너 자신만의 미래비전 여행을 통해 비전이 네 삶의 가치를 어떻게 달라지게 하는가를 확인하길 바란다.
그리고 자신 있게 너의 비전을 설계하길 바란다.

도전력

그럼으로써 너의 삶이 보석처럼 빛날 수 있을 것이다.
사랑하는 아들 정건아! 머뭇거리기에는 인생이 너무 짧은 것 같구나.

2001. 9. 21 07:10 출근길에서… 아빠

그리고 이 메시지의 바로 다음 장을 넘기면 또 이런 말이 쓰여져 있다.

정훈!
이 책은 아버지께서 형 생일 때 선물로 주신 책인데, 내용이 좋아서 너도 꼭 읽어 보길 바라는 마음이 들어 보낸다.
군 생활 가운데에서도 절대 비전vision을 잃지 않는 해병이길 바란다.

2001. 12. 13 목.
형의 군 생활 729일째 되는 날! 김정건.

첫 번째 메시지는 아버지께서 이 책을 형의 스물세 번째 생일선물로 보내시면서 쓴 내용이다. 형은 당시 강원도 화천 최전방에서 병장으로 군복무 중이었다. 그리고 두 번째 메시지는 형이 이 책을 읽고 나에게 상병 진급 선물로 보내줄 때 쓴 내용이다. 나 역시 포항 해병대 1사단에서 한참 군복무를 하고 있을 때였다.

누구에게나 마찬가지겠지만, 나에게는 너무나 사랑하고 감사한 가족이 있다. 늘 내가 하는 일을 믿어주고 응원해주는, 그 어떤 마음으로도 표현할 수 없는 사랑하는 가족이다.

아버지는 평생을 가족들을 위해 땀 흘려 일하셨고, 여전히 가족들 생각을 늘 먼저 하시는 분이다. 형과 내가 밖에서 당당하게 생활할 수 있도록 늘 마음으로 위하고 걱정하시는 분이다. 적은 돈이라도 아들들에게 용돈으로 주고, 밖에 나갈 때 차비라도 손에 꼭 쥐어주신다. 대기업의 책임 있는 자리에 오랫동안 재직하셨지만, 단 100원도 헤프게 쓰지 않는 검소한 마음과 행동을 직접 가르쳐 주신 분이다. 사회에 나가서 지켜야 하는 예의와 바른 몸가짐을 어릴 때부터 엄하게 가르치셨다. 늘 무섭던 아버지께서 할머니를 생각하시며 눈물을 보이셨을 때 나도 그렇게 마음이 아팠던 적이 없는 것 같다. 강하지만 부드럽고, 엄하지만 언제나 바른 모습을 보여주신 분. 그 어떤 분보다 나에게 지혜와 강함을 더해 주신 아버지를 존경하고 또 감사드린다.

어머니는 자신도 일을 다니시면서 내가 새벽에 출근하면 내 방에 들어오셔서 또 하루 아들이 무사히 일터에 다녀오기를 기도하신다. 그리고 아들이 혹시나 늦게 출근할까 그 이른 새벽에 몰래 일어나셔서 거실에 앉아계시다가 방으로 들어가시곤 한다.

자신을 위한 일은 조금이라도 사양하시면서, 두 아들과 가족을 위한 일이라면 그 어떤 일이라도 하시는 분이다. 몸이 아프실 때 내색조차 하지 않으시지만 아들이 작은 감기라도 걸리면 안절부절 못하시는 분이다. 혹여 아들들이 하는 일들에 피해가 될까 봐 밖에 있을 때는 조심스럽게 전화 한 통 하지 않으신다. 어떤 일을 하더라도 나를 마음으로 응원하고 믿어주는 분이다.

세상 모든 사람들에게 그렇듯이 나에게도 이런 천사 같은 분이 어머니라는 사실이 너무 감사할 뿐이다. 정말 감동스럽고 감사할 뿐이다.

어릴 때부터 욕심 많았던 나에게 모든 것을 흔쾌히 양보한 사람. 행여 어린 동생이 길을 잃을까 봐 손을 꼭 잡고 다녔던 두 살 위의 형이다. 모든 면에서 늦게 배우는 날 위해 어려운 일들을 하나씩 쉽게 가르쳐주고 다독여 준 사람. 다 커서도 나에게 몰래 용돈을 쥐어주었던 착하고 듬직한 사람이다. 늘 내가 가장 믿고 의지하는 사랑하는 형제이다.

친누나처럼 너무나 따뜻하고 따뜻한 분. 형수님. 형을 사랑해 주듯이 우리 가족 모두를 사랑하고 위해줘서 정말 감사한 분이다. 그 솜처럼 따뜻한 마음에 아마 형이 반하지 않았을까? 또 하나님이 형님가족에 준 선물. 아장아장 걸어 다니는 인형같이 예쁜 조카 가빈이도 사랑스럽다.

그리고 이제는 아홉 살이 돼서 더 이상 '아기'라고 부를 수 없는 우리 새롬이. 다들 그냥 강아지나, 개라고만 부르지만 나에게는 언제까지나 귀여운 동생 '새롬이'다. 언제나 내 말을 모두 알아들을 것만 같은 초롱초롱한 눈을 가진 함께 있어 정말 고마운 동생.

자신있게 말하지만, 그동안 했던 내 모든 일들은 결코 나 혼자 할 수 없던 일들이었다.

많은 분들과 친구, 동료들이 있었기에 가능했고 또 도전할 수 있었던 일이었다.

하지만 무엇보다 나에게 가장 큰 힘이 되어 준 분은, 단연 하나님과 사랑하는 나의 가족들이다. 아버지, 어머니, 형, 형수님, 조카 가빈이, 그리고 새롬이까지. 가족들과 하나님에 대한 믿음은 내가 늘 내일을 꿈꾸고 다음을 계획할 수 있게 해 준 나의 바탕이자 근본이다.

나에게 이렇게 소중한 가족들이 있고 함께 믿음을 가질 수 있다는 사실이 내가 살아가며 반드시 감사해야 하는 가장 큰 이유인 것 같다. 그리고 나는 그동안 나에게 주어졌던 모든 환경에도 진심으로 감사한다.

비록 어떤 때는 다른 이들보다 좀 더 어렵고 힘든 상황이 주어질 때도 있었지만, 그러한 모든 환경들이 나를 지금까지 조금이나마 성장하게 해주었다고 생각한다.

물론 내가 '환경과 상황'에 대해 언급하는 것 자체가 정말 힘들고 어렵게 사는 수많은 사람들에게는 큰 실례일 것이다.

아주 보편적인 대부분의 사람들에게 나 역시도 정말 똑같은 환경에서 지내왔고, 똑같은 문제들을 고민하며 20대를 보내야 했다는 것을 감히 말하고 싶다.

《서른 살 꿈에 미쳐라》는 책에서 자신이 너무 똑똑하지 않아서 다행이라고 말하는 주인공처럼, 나 역시 나의 환경과 모든 조건이 특별하지 않았다는 것에 감사함을 느낀다. 설사 나에게 더 어려운 환경이 주어졌더라도 나는 감사하였을 것 같다.

내가 하는 모든 일들에서 감사의 이유를 찾듯이 여러분의 삶에서도 사소한 작은 부분들 하나, 하나가 감사함의 이유로 존재하길 희망해 본다.

도전력

모든 사람들이 꿈꾸는 희망

'I was never the likeliest candidate for this office. We didn't start with much money or many endorsements. Our campaign was not hatched in the halls of Washington. It began in the backyards of Des Moines and the living rooms of Concord and the front porches of Charleston.'

(저는 단 한 번도 이 자리에 있기까지 가장 유력한 후보로 꼽혔던 적이 없습니다. 저희가 시작할 때에는 돈도, 후원자도 충분치 못했습니다. 저희 캠페인은 워싱턴의 회의장에서 시작되지 않았습니다. 이 캠페인은 Des Moines의 평범한 가정의 뒷마당, Concord의 거실, 그리고 Charleston의 앞 베란다에서 시작되었습니다.)

불과 4년 전만 하더라도 워싱턴의 그 어떤 누구도 이 말을 한 사람을 주목하지 않았다.

2004년 7월 미국 민주당 전당대회 연설로 처음 중앙정치에 얼굴을 알렸지만, 대부분은 그가 앞으로 어떤 사람이 될 것이라고 크게 기대하지 않았다. 그리고 민주당의 대통령 예비후보로 나왔지만 그에게 자신 있게 투자하거나 응원 하는 이도 생각만큼 많지 않았다.

그의 말대로 그의 캠프는 아주 평범한 가정 뒷마당과 거실에서부터 시작되었다. 하지만 '변화와 하나 됨'이라는 거대한 물결에 힘입어, 2008년 미국의 제44대 대통령선거에서 기적 같은 승리를 만들어냈다.

이러한 기적의 승리를 만든 이는 미국의 제44대 대통령인 버락 오바마Barack Hussein Obama이다. 그리고 앞서 소개 된 말은 그가 대통령에 당선된 뒤 시카고에서 했던 당선기념 연설 내용이었다.

아마 지금은 많은 사람들이 오바마 대통령과 잠시 스치기라도 했었다면 인연이 있다고 서로 강조하겠지만, 정작 그가 꿈을 가지고 미래를 향해 조금씩 전진할 때에는 누구도 그에게 과감히 후원하거나 응원해 주지 않았다.

그는 다인종문화를 경험하였고, 아프리카인 아버지에, 인종차별을 겪은 흑인이었지만 '꿈'을 꾸고 '비전과 희망'을 가진 사람이었다. 많은 사람들은 그가 힐러리 클린턴 후보를 이기고 민주당 대통령 후보로 결정되었을 때조차도, 미국의 흑인 대통령을 쉽게 상상하지 못하였다. 하지만 오바마는 모든 편견과 불가능을 딛고 마침내 미국의 새로운 역사를 기록하게 되었다.

꿈과 희망, 비전을 가진 자의 위대한 승리이며 기적이었다.

나는 오바마 대통령과 같은 기적은 아마도 우리사회에서는 쉽게 기대하기 힘들 것 같다고 생각한다.

도전력

우리는 '자유 민주주의 국가와 시장경제체제'라는 원칙적인 이유로 아직 모든 면에서 너무 냉정한 잣대를 들이대고 있기 때문이다.

어릴 때부터 오로지 경쟁위주로만 가는 교육과 보편적 시선에서 수긍되는 실력만 인정하는 사회 구조. 가난과 질병의 아픔을 그저 도태된 사람들의 상황이거나 남의 일쯤으로만 생각하는 분위기의 만연.

하지만 남들과 같은 단 한 번의 기회조차 얻지 못해 어린 나이에 꿈을 포기하는 사람, 그저 하루하루의 삶을 이어가는 것조차 사치로 여겨지는 사람들. 그런 사람들이 우리가 둘러보지 않는 곳에 너무 많다는 사실을 알고 있을까?

흔히 사람들은 '물고기를 주지 말고 잡는 방법을 알려 주어야 한다'라고 말한다.

정말 백 번 맞는 말이고 공감이 가는 말이다. 하지만 나는 그런 방법을 가르쳐 주기 전에 한 번쯤 더 따뜻한 시선으로 보며 '당신도 물고기를 잡을 수 있는 그런 사람이다'라고 응원해 주는 것이 더 옳은 방법이라고 생각한다.

우리는 보통 누군가에게 따뜻한 햇볕이 내려 쪼이면, 서로 다가가서 우산을 씌어주며 그것을 양산이라고 우기게 된다. 하지만 정작 그 사람에게 비가 쏟아지면 모두 우산을 접고 서로 그 우산을 숨기기 바쁜 모습을 보인다. 이러한 아이러니한 모습이 아쉽게도 지금 우리의 현실인 것이다.

이런 현실에 대해 오바마 대통령은 다음과 같은 언급을 하였다.

'종래의 사회 보장제를 떠받치는 기본적인 원칙이 우리 다함께

We're all in it together라면, 소유주 사회의 기본 원칙은 각자 스스로 알아서You're on your own라고 합니다. 하지만 신 경제주의의 가장 큰 혜택을 받은 사람들이, 모든 다른 계층의 어린이들도 똑같이 성공을 추구할 기회를 가질 수 있도록 뒷받침 하는 것이 사회와 정치인들의 책무입니다.'

나는 우리가 자랑스러운 이 땅에 살며 소중한 자유를 누리는 권리를 가졌듯이 한 편으로는 그 자유를 함께 나눌 수 있는 책임도 기억해야 한다고 생각한다.

넓게 생각한다면, 나 역시 언제나 누군가에게 관심을 받으며 후원과 응원을 받았던 사람이었다.

반기문 UN 사무총장의 따뜻한 후원과 빌 클린턴 대통령의 조언이 나의 비전을 '조금 더 구체적'이고 '조금 더 희망적'으로 만들어 주었던 것이다.

2008년 11월 4일 버락 오바마 대통령 당선인이 기념연설에서 했던 이 한 마디.

'I will listen to you.' (나는 여러분의 말에 귀 기울일 것입니다.)

나는 꿈을 가진 모든 이에게 이 말을 해줄 수 있는 우리 사회의 따뜻한 리더들이 더 많아지길 기대한다. 누군가에게 귀 기울인다는 것은 희망을 꿈꾸고, 기대를 가지게 하는 따뜻한 마음의 모습이다.

나 역시 혹시 내가 듣지 못한 말이 있을까 조금 더 사람들에게 귀 기울기 시작하였다. 작은 희망을 나눌 수 있는 일은 결코 멀리 있지 않은 것이다.

도전력

이 희망을 많은 사람들이 느낄 수 있다면 세상이 조금 더 긍정적으로 변화하지 않을까.

이 책은 내 작은 경험들의 이야기지만, 이 경험들이 수없이 많이 나뉘어져 많은 사람들의 마음속에 따뜻이 전달되길 기대한다.

그래서 이 책을 읽은 모든 사람들이 어떠한 상황과 환경에서도 희망을 가지며 꿈을 꾸고 비전을 향해 나가기를 진심으로 희망한다.

'더없이 밝게, 그리고 빛나게!'

KI신서 1829

세계의 리더와
어깨를 맞대라

1판 1쇄 인쇄 2009년 5월 22일
1판 6쇄 발행 2015년 9월 5일

지은이 김정훈　**펴낸이** 김영곤　**펴낸곳** (주)북이십일 21세기북스
기획편집 황상욱　**본부장** 이승현　**디자인** 박선향
출판영업마케팅팀 안형태 이경희 민안기 정병철 김홍선 임규화 백세희
출판등록 2000년 5월 6일 제10-1965호
주소 (413-756) 경기도 파주시 교하읍 문발리 파주출판단지 518-3
대표전화 031-955-2100　**내용문의** 031-955-2147　**팩스** 031-955-2151
홈페이지 www.book21.com

값 12,000원
ISBN 978-89-509-1888-0　03810

이 책 내용의 일부 또는 전부를 재사용하려면 반드시 (주)북이십일의 동의를 얻어야 합니다.
잘못 만들어진 책은 구입하신 서점에서 교환해 드립니다.